北京邮电大学图书馆馆史

王 茜 俞紫梅 编著

北京邮电大学出版社
www.buptpress.com

内 容 简 介

本书梳理了北京邮电大学图书馆自1953年建馆至2017年,共60余年的发展历史。全书分为五章,分别介绍了图书馆概况、资源建设与利用、信息服务、技术发展、党群工作、对外交流合作、学术科研成果与业界影响等。在此基础上,对每一时期为图书馆发展产生重要推动作用的史实进行了重点叙述。除主体章节外,本书附录中还整理并编写了北京邮电大学图书馆2018年年度报告、馆员名单,最后附馆史图片掠影,方便读者查阅。

本书供北京邮电大学图书馆工作人员、图书馆领域专业人士,以及广大对北京邮电大学图书馆历史感兴趣的读者阅读。

图书在版编目(CIP)数据

北京邮电大学图书馆馆史 / 王茜,俞紫梅编著. --北京:北京邮电大学出版社,2019.8
ISBN 978-7-5635-5866-7

Ⅰ. ①北… Ⅱ. ①王… ②俞… Ⅲ. ①北京邮电大学—院校图书馆—图书馆史 Ⅳ. ①G259.256

中国版本图书馆 CIP 数据核字(2019)第 188974 号

书　　名：	北京邮电大学图书馆馆史
作　　者：	王　茜　俞紫梅
责任编辑：	廖　娟
出版发行：	北京邮电大学出版社
社　　址：	北京市海淀区西土城路10号(邮编:100876)
发 行 部：	电话:010-62282185　传真:010-62283578
E-mail：	publish@bupt.edu.cn
经　　销：	各地新华书店
印　　刷：	北京玺诚印务有限公司
开　　本：	720 mm×1 000 mm　1/16
印　　张：	10.25
字　　数：	200 千字
版　　次：	2019年8月第1版　2019年8月第1次印刷

ISBN 978-7-5635-5866-7　　　　　　　　　定　价:46.00元

・如有印装质量问题,请与北京邮电大学出版社发行部联系・

前　言

北京邮电大学图书馆的前身是成立于1953年3月的北京邮电学院图书馆。1993年12月,北京邮电学院正式更名为"北京邮电大学",图书馆也随之更名。成立之初,北京邮电大学图书馆(北邮图书馆)仅有3间教室作为书库和阅览室,藏书总量仅4 000余册。经过60余年的建设与发展,北邮图书馆已经形成了以信息通信文献为特色与工、管、文、理等多学科文献共存,纸质文献与电子文献相结合,实体馆藏与虚拟馆藏相结合,单馆保障与多馆互借相结合的文献信息资源体系。截至2017年年底,图书馆总面积5.3万平方米,其中西土城馆1.55万平方米,沙河馆3.78万平方米;馆藏印刷型文献积累总量194万册,电子图书223万册,电子期刊3.5万种,数据库总数158个,并自建了"邮电史资料库""邮电通信专题资料库"等16个数据库。

图书馆的发展是大学建设和发展的标志,是教学科研的重要基础,在学校的历史演变与文化传承中发挥着特殊的作用。本书梳理了北京邮电大学图书馆自1953年建馆之初至2017年,64年的发展历史。全书主要介绍了图书馆概况、资源建设与利用、信息服务、技术发展、党群工作、对外交流合作、学术科研成果与业界影响等,并在此基础上,对每一时期为图书馆发展产生重要推动作用的史实进行了重点叙述。第一章讲述图书馆从1953年筹建之初到1977年的历史。这一时期,北邮图书馆经历了从无到有,初具规模的过程。20世纪60年代中期以前,图书馆的发展趋势总体良好,1965年馆藏总量累计已达到25万册。第二章讲述改革开放后至20世纪80年代末的图书馆历史。1985年年底,西土城校区图书馆大楼正式落成,标志着北邮图书馆进入了全面发展的新时期。在此期间,图书馆藏书规模有序扩大,服务类型不断扩充,人员配置合理齐全,规章制度日渐完善。第三章讲述20世纪90年代的历史。计算机网络技术的快速发展给图书馆工作带来了实质性的变革。1998年9月,由北邮图书馆自主研发的"现代电子化图书馆信息网络系统"正式问世并投入使用。这是北邮图书馆发展取得的重大成果,也是我国图书馆事业发展的里程碑,奠定了北邮图书馆在全国高校图书馆中新技术研发与应用的优势地位。这一时期,伴随着自动化发展取得的优秀成果,图书馆的各项事业稳步向前推进。第四章讲述21世纪初至2007年的历史。这是北邮图书馆持续快速的发展期。读者服务、科研服务朝着专业化、精细化的方向不断迈进，数字图书馆建设成果斐然。由于我馆在资源与服务方面取得的成绩突出，2003年被华北地区高校图书馆协会评为"先进图书馆"，2006年荣获了中国图书馆学会颁发的全民阅读"先进单位奖"。尤其值得一提的是，在这个时期，我馆牵头组织成立了"北京高校图书馆联合体"和"BALIS馆际互借中心"，为北京地区高校图书馆界的馆际交流与资源共享做出了突出贡献，进一步提升了北邮图书馆在国内图书馆界的影响力。第五章介绍了近十年来北邮图书馆建设取得的成就。随着物联网、大数据、云计算等新技术的不断发展和广泛应用，图书馆的建设进入了一个全新的时代——智慧图书馆时代。北邮图书馆近十年的智能化软硬件建设，为全国高校图书馆的发展注入了新的活力，引领着馆藏、服务、馆舍和科研不断向前迈进。除主体章节外，本书附录中还整理并编写了北京邮电大学图书馆2018年年度报告、馆员名单，最后附馆史图片掠影，方便读者与相关工作人员查阅。

如今的北邮图书馆围绕着北京邮电大学"特色鲜明、优势突出，世界著名的高水平研究型大学"的发展目标与战略定位，制定了"服务、资源、文化、智库"四位一体的全面、协调、可持续发展办馆理念；明确了图书馆文献资源中心、研习支持中心、校园文化中心、情报分析中心的功能定位；确立了"保障有力、服务优良、文化先进、师生满意，努力建设成为国际领先、国内一流的服务研究型大学图书馆"的工作目标。北邮图书馆正在不断完善校园的文献资源保障体系，力求最大限度地发挥自身作用，为学校的教学和科研提供全方位的有力保障。

目　　录

第一章　曲折中的创建与前行 ·· 1

第二章　改革开放后的快速崛起 ·· 4
　一、图书馆概况 ··· 4
　二、资源建设 ··· 5
　　（一）资源概况 ··· 5
　　（二）文献采编 ··· 8
　　（三）剔旧工作 ·· 10
　三、信息服务 ·· 10
　　（一）读者服务 ·· 10
　　（二）咨询服务与用户教育 ·· 11
　　（三）益友读书协会 ··· 12
　四、制度建设 ·· 12
　　（一）机构改革 ·· 13
　　（二）人才建设 ·· 15
　五、技术创新 ·· 16
　六、学术成果 ·· 17
　七、交流合作 ·· 17
　八、馆舍建设 ·· 18

第三章　技术引领下的服务与创新 ··· 20
　一、图书馆概况 ·· 20
　二、资源建设 ·· 21
　　（一）纸本资源建设 ··· 21
　　（二）数据库建设 ··· 22

- 三、信息服务 ·········· 24
  - (一) 读者服务 ·········· 24
  - (二) 咨询服务 ·········· 24
  - (三) 用户教育 ·········· 25
  - (四) 益友读书协会 ·········· 25
- 四、技术创新 ·········· 26
- 五、学术成果 ·········· 30
  - (一) 论文、著作成果 ·········· 31
  - (二) 项目成果 ·········· 33
  - (三) 馆员培训 ·········· 34
- 六、交流合作 ·········· 34
  - (一) 全国邮电高校图书情报工作委员会 ·········· 34
  - (二) 北京地区高校图书馆自动化研究会 ·········· 35
  - (三) 培训交流 ·········· 36

第四章 21世纪初的建设与改革 ·········· 38

- 一、图书馆概况 ·········· 38
- 二、资源建设 ·········· 39
  - (一) 纸电资源建设 ·········· 39
  - (二) 特色资源建设 ·········· 40
- 三、制度建设 ·········· 41
- 四、多维信息服务 ·········· 42
  - (一) 借阅服务 ·········· 43
  - (二) 咨询服务 ·········· 43
  - (三) 读者服务 ·········· 44
  - (四) "非典"中的读者服务工作 ·········· 46
- 五、技术发展 ·········· 46
- 六、空间建设 ·········· 48
- 七、学术交流 ·········· 48
  - (一) 业界影响 ·········· 48
  - (二) 科研创新 ·········· 52
- 八、支部建设 ·········· 55
  - (一) "非典"斗争与支部工作 ·········· 55
  - (二) 保先教育 ·········· 56

（三）先进事迹 ·· 57
　九、工会工作 ··· 58
　　（一）文体活动 ·· 58
　　（二）心系群众 ·· 59

第五章　信息时代中的发展与成果 ······················· 60
　一、图书馆概况 ·· 60
　二、资源建设 ·· 60
　　（一）纸电资源建设 ······································ 60
　　（二）特色资源建设 ······································ 63
　　（三）制度与经费保障 ···································· 65
　　（四）图书捐赠 ·· 66
　三、多维信息服务 ·· 67
　　（一）借阅服务 ·· 67
　　（二）馆际互借 ·· 70
　　（三）咨询服务 ·· 72
　　（四）学科服务 ·· 74
　　（五）学科分析 ·· 76
　四、用户教育 ·· 77
　　（一）信息素养教育 ······································ 77
　　（二）阅读推广 ·· 78
　五、技术发展 ·· 81
　　（一）系统与平台建设 ···································· 81
　　（二）数字图书馆建设 ···································· 82
　　（三）机构知识库建设 ···································· 83
　　（四）信息网络安全 ······································ 83
　六、新馆建设 ·· 84
　七、学术与交流 ·· 85
　　（一）科研创新与业务学习 ································ 85
　　（二）交流合作 ·· 87
　　（三）业界认可 ·· 88
　八、党群工作 ·· 89
　　（一）支部工作 ·· 89
　　（二）工会工作 ·· 90

参考文献 92

附录一　北京邮电大学图书馆2018年年度报告 94
　　一、资源建设 94
　　　（一）经费投入 94
　　　（二）资源建设及购置情况 94
　　　（三）资源使用情况 97
　　二、多维信息服务 99
　　　（一）基础服务 99
　　　（二）多层次提供信息服务（按读者年级层次培养模型分析） 101
　　三、空间建设 104
　　　（一）本校区图书馆建设 105
　　　（二）沙河校区图书馆建设 105
　　四、技术创新 106
　　　（一）设备 106
　　　（二）技术 107
　　五、用户教育 108
　　　（一）信息素养教育 108
　　　（二）文化素养教育 110
　　六、学术交流 114
　　　（一）科研创新 114
　　　（二）业务学习 116
　　　（三）业界认可 118
　　七、党建及工会工作 118
　　　（一）党支部建设 118
　　　（二）工会工作 119

附录二　馆员名单 120

第一章 曲折中的创建与前行

北京邮电学院于1953年3月筹建,1955年7月20日在小西天举行了隆重的成立大会,这标志着我院正式成立。学院在筹备期间就建立了图书馆,从最初的校址新街口外皇姑坟(小西天)北京电信学校内挤出3间教室设为书库和阅览室,面积很小。在条件困难的情况下,配备了5名工作人员,图书馆最初只有4 000余册图书,其中包括为了满足教学需要而临时翻译的苏联莫斯科通信学院和列宁格勒通信学院教材、教学大纲等。建院初期,我们不断购入新书,并且从天津大学和重庆大学并入了大量电信类图书,书刊总量很快达到了35 000多册,尽量满足了教师和学生的借阅需求。

1954年9月,学院获准扩大规模,几经易地选址,最后经北京市建筑事务管理局批准,划拨西郊一间房土城(明光村)作为校址。1956年6月,学院召开迁校工作会议,决定由小西天全部迁往明光村新校址。迁入新校址后,图书馆的条件相对有了改善,新辟阅览室、资料室,藏书迅速增加,至1956年已有藏书6万余册。当时全馆工作人员共12人,没有专设业务机构。馆舍仍占用教室,约有500平方米的面积。在任务重、时间紧、困难多和人员较少的情况下,工作人员积极工作,勇挑重担,加班加点,在短短的时间内完成了30 000余册书刊的分类、编目工作,组织编制了七八万张卡片目录,完成了按时开馆的任务。在建院初期各方面条件比较困难的情况下,图书馆除了对教师利用书刊资料尽量给予便利之外,还专门开辟了教师阅览室,座位仅有12个,室内陈列各种中外文期刊43种,中外文专业书籍1 000余册。这些都为图书馆的建设与发展奠定了基础。1955年,我馆试行了按专业设置、学科内容分别设立技术科学、自然科学、人文科学等不同学科的书库和阅览室,阅览室实行开架和半开架的借阅方式。实践证明,这种分科开架的阅览室是配合教学的一种良好形式。它的主要优点是便于教学、便利群众,便于熟悉读者、了解馆藏开展对口服务,这为改变服务方式的单一化,使各项服务工作逐步向横向和纵深发展,吸引更多的读者充分利用图书馆的各种书刊资源,创造了极为便利的条件。

20世纪50年代中期至60年代中期是图书馆的快速发展时期。1956年,在党领导全国人民开始全面建设社会主义形势下,根据周总理关于加强和改进图书资料工作的讲话精神,召开了第一次全国高等学校图书馆工作会议。会上总结了新中国成立后图书馆的工作,明确了高等学校图书馆的性质、任务和方针,制定了工作条例试行草案,对工作中存在的问题进行了认真的研究讨论。这对高校图书馆的工作起了积极的推动作用。当时,我馆为改善读者阅读条件,积极补充了当时国内外的各种最新期刊,共计 300 余种,同时采取多种途径在全国范围内的邮电企业、事业等部门征集了各种外文专业的珍贵书刊资料 2 500 余册,大大地丰富了馆藏。这一阶段共收藏了各种中外文书刊将近 19 万册,是建馆初期的藏书总数的 3 倍之多。阅览室除坚持每日开放 10 小时以上外,星期日还照常开放。馆员增加至 38 人,业务机构设有:采编组、流通组和阅览组,从而保证了各项工作的顺利开展。

党的十一届三中全会以来,教育和科学事业受到了重视。随着教学和科研工作的开展,广大师生对图书馆情报资料的需求迅速增长,要求加强图书馆工作的呼声越来越高,我校图书馆工作也开始受到各级领导部门的重视。1978 年,教育部发布了《关于加强高等学校图书资料工作的意见》,明确指出图书资料是高等学校教学科研工作的基本条件之一,要求切实加强这项工作。学校加大了对图书馆的投入(如表 1-1 所示),1979 年,教育部颁发了《关于高等学校图书和资料情报人员职务名称确定和提升的暂行规定》。一些学校也注意创造保证图书馆的工作条件,调整和加强领导班子,增加经费,规划新建或扩建馆舍。广大图书馆工作者在很困难的条件下做了大量的整顿、恢复工作,同时积极开展服务工作,取得了显著成绩。人员方面,1965 年我馆共有馆员 36 人,1977 年年底减为 29 人,1979 年增至 35 人。

表 1-1　1957—1979 年北京邮电学院图书馆经费统计(部分)

年份	金额/元	占全校经费百分比(%)
1957	55 000	2.8
1958	44 693	1.5
1960	32 790	1.1
1965	48 359	1.7
1969	2 901	0.14
1970	11 834	0.51
1976	21 698	0.24
1977	23 000	0.81
1978	48 350	1.3
1979	72 706	1.7

北邮图书馆在建馆初期就十分重视并强调图书馆的各项基础工作,并力求做到管理科学化。例如,我馆明确提出采访工作要加强计划性,各种书刊要购买及时,保证质量;分类编目要科学无误、减少积压,迅速入库;验收登记要账务清楚,手续完备,统计准确。在这个基础上,我馆于1964年正式编印了《北京邮电学院图书馆各项规章制度》,使图书馆的各项工作都有章可循、有法可依。这对加强图书馆各项业务基础工作,保证工作质量起到了重要作用。

第二章　改革开放后的快速崛起

一、图书馆概况

党的十一届三中全会以来,高校图书馆事业迎来了快速发展。1981年9月,教育部召开了全国高校图书馆工作会议,我馆在学院党委、行政的领导下,在院内各单位的积极配合支持下,在图书馆全体工作人员的共同努力下,不论是在读者服务、参考阅览、采访编目,还是在经费开支、队伍管理、馆舍筹建等方面都取得了很大的成绩。我院图书馆于1986年正式迁入新馆,新的馆舍建筑面积为13 000平方米。其中,书库面积近4 000平方米,可藏书100万册;读者活动区域约5 200平方米,设阅览座位1 436个;另设有计算机房、视听室、复印室、学术报告厅。

我馆研究文献收藏结构,注重藏书质量,清理藏书,剔除陈旧书刊,降低副本量,调整业务工作体系,执行国家颁布的文献工作标准,提高基础工作和服务工作的质量、效率和效益,普遍实行开架借阅,延长开馆时间,积极主动地开展工作,发挥本身的教育职能。1978年至1988年,图书馆共入藏了各种书刊资料20余万册,比1965年至1975年总进书量增加了50%以上。截至1988年,馆藏总计107 687种,644 902册。入藏报刊3 411种,声像资料1 316盒,其中75%左右是电信专业或相关专业的文献书刊,部分馆藏在高校图书馆中具有显著的优势。世界上一些享有盛誉的电信专业刊物入藏时间均较早,收藏较全。

20世纪80年代,我馆充实了领导班子,设立了图书馆委员会,调整了馆内的组织机构,改善了图书馆的工作条件;实行以岗位责任制为核心的管理改革,建立和健全各项规章制度,调动工作人员的积极性。所有这些都为不断加强图书馆建设,改善图书馆的科学管理,提高为教学、科研服务的质量,创造了良好的条件。经过十几年的努力,我馆已成为我国邮电系统中历史较久、藏书较多、规模较大和基础较好的图书馆之一,成为我院教学、科研不可缺少的图书资料、情报信息中心。我们的工作获得了业界认可,我馆作为北京地区高校图书馆工作委员会副主任馆和全国邮电高校图书情报工作委员会副主任馆,对于图书馆事业的发展发挥着重要的作用。

二、资源建设

(一) 资源概况

我馆自1955年北京邮电学院建校起并入了天津大学、重庆大学电信系的全部外文书刊;1960年并入了北京电信学院、邮电科技大学的全部馆藏;1988年又并入了北京函授学院情报资料室的所有书刊。我馆参与了1988年的全国文献调查,馆藏文献特色表现为:中文图书收藏丰富,具有版本齐全、副本充足的特点;外文电信专业的期刊入藏较早、较全,世界上享有盛誉被公认为电信专业的核心期刊,入藏时间均较早、较全,我馆收藏的美国IEEE学会出版的期刊品种齐全,入藏率接近100%。

20世纪80年代,我馆馆藏总量增幅明显(1980年馆藏情况如表2-1和图2-1所示)。截至1988年,馆藏总计107 687种,644 902册。其中,中文图书73 616种,508 212册;西文(除俄文)图书19 660种,63 279册;俄文图书11 060种,33 205册(详见表2-2,图2-2所示)。入藏报刊3 411种,声像资料1 316盒。从文献调查的情况看,我馆通信与电子系统,电磁场与微波技术,信号、电路与系统,计算机应用,工业管理工程,机械制造,应用数学,光学和半导体物理与器件的学科文献,已达到研究级水平,各科文献的平均入藏率为82.09%,对教学科研的满足率为82.42%。我馆藏书以自然科学、技术科学书刊为主,约占70%;社会科学书刊约占25.5%;各种语言工具书刊约占5%。整个馆藏体现了我院专业特色,反映了通信特点的藏书体系,已成为教学和科研的重要支撑。

我馆在藏书建设上,始终坚持全面反映世界学术领域中电信科学的发展动向。对我院各种专业教学、科研方面的参考书刊,特别是对某些重点学科和专业所必需的重要书刊,一般都力争做到及时收藏,保证需要,比例合理。

20世纪80年代,我馆在藏书建设方面重点掌握了三方面的原则。第一,重点藏书要成龙配套。对于重点学科和专业所需要的主要书刊文献集中力量大力搜集,力求做到收藏及时。第二,核心书刊要形成特色。对重点书刊特别是核心期刊要优先保证,力争做到品种齐全并保持其系统性、完整性和连续性,形成特色。我馆某些核心期刊的收藏比较齐全,据有关调查材料统计,当时国外有关电信工程、电子技术、自动化及计算机等方面的核心期刊约有130种,我馆基本都已征订。对其中一些最主要的期刊,如美国电气与电子工程师学会会报(IEEE)、美国贝尔系统技术杂志(BSTJ)、日本电子通信学会杂志(原电气通信学会杂志)、美国工程索引(EI)、英国科学文摘B辑:电气与电子学文摘(EEA)等,都是从创刊号起订,保持了期刊的连续性和完整性。这些期刊已成为我馆藏书中较为珍贵的资料。第三,各类藏书要结构合理。在藏书建设中,让各类书刊保持合理的比例关系,妥善处理好重点和一般、数量与质量、中文与外文的关系。

表 2-1 1980 年北京邮电学院图书馆图书语种统计

序号	学科	中文		西文		俄文	
		种	册	种	册	种	册
1	马列主义	1 282	17 538	93	406	216	813
2	哲学	1 505	7 298	2	2	72	141
3	社会科学	2 909	13 260	78	130	172	290
4	政治经济学	2 766	9 681	29	46	165	271
5	军事	165	641	4	6	14	23
6	法律	304	707	4	6	8	10
7	文化教育	2 563	8 693	15	20	154	228
8	艺术	1 934	5 010	32	35	39	41
9	语言文字	1 524	11 385	291	1 512	299	728
10	文学	10 940	45 049	102	181	497	644
11	历史	2 093	8 878	5	20	144	272
12	地理	670	1 703	7	8	54	68
13	自然科学	3 750	30 611	2 830	7 430	1 921	4 187
14	医药卫生	1 016	2 064	4	5	2	2
15	工程技术	6 360	31 699	2 170	5 623	1 997	5 548
16	邮政通信	3 279	6 8477	3 657	13 384	3 505	16 046
17	农艺	43	60			2	2
18	综合参考	167	1 234	155	411	22	526
	合计	43 270	263 988	9 478	29 225	9 283	29 840

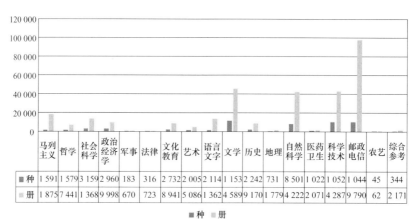

图 2-1 1980 年北京邮电学院图书馆图书分类统计

表 2-2　1988 年 8 月北京邮电学院图书馆图书语种统计

序号	学科	中文		西文		俄文	
		种	册	种	册	种	册
1	马列主义	1 680	19 299	91	393	218	817
2	哲学	2 780	11 981	12	15	73	143
3	社会科学	4 525	18 638	114	193	173	292
4	政治经济学	5 344	21 946	403	889	203	324
5	军事	327	1 008	7	12	16	31
6	法律	954	2 852	5	7	8	10
7	文化教育	4 395	16 058	93	170	171	256
8	艺术	2 756	7 397	47	64	41	43
9	语言文字	3 734	31 976	1 068	5 252	381	1 016
10	文学	17 795	79 219	287	717	499	656
11	历史	3 971	17 422	29	58	147	277
12	地理	1 062	3 166	17	36	55	69
13	自然科学	7 186	75 414	5 009	14 417	2 284	4 818
14	医药卫生	1 973	4 623	15	24	2	2
15	工程技术	11 027	89 386	6 187	17 902	2 710	6 653
16	邮政通信	5 528	112 065	6 342	23 214	4 719	8 109
17	农艺	65	122			2	2
18	综合参考	417	2 550	245	749	32	547
	合计	75 483	515 122	19 971	64 112	11 734	34 115

注：我馆自 1988 年 9 月 1 日起采用《中国图书馆图书分类法》(简称《中图法》)，改变了图书的分类体系，传统的《中国人民大学图书馆图书分类法》(简称《人大法》)藏书统计截至 1988 年 8 月。

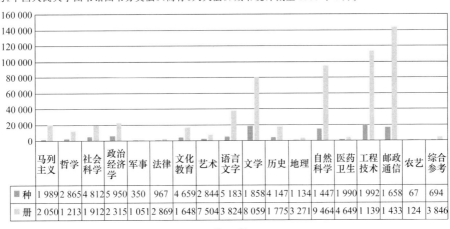

图 2-2　1988 年 8 月北京邮电学院图书馆图书分类统计

(二) 文献采编

1. 采访工作

资源建设是教学科研的物质基础,是为读者服务的重要手段和基本条件,图书馆工作质量的高低,很大程度上取决于资源建设。而图书馆的采访工作又是资源建设的核心,决定着资源的质量和体系。20世纪80年代,图书馆的采访经费基本保持了上升的趋势,20世纪80年代中期由于新馆落成,1985年与1986年的采访经费获得了大幅提高,在此之后虽有回落,但经费数额仍是20世纪80年代初期的两倍之多,占我院总事业经费的3%左右(如表2-3所示)。

表2-3　1983—1989年图书馆采访经费与文献统计

年份	年度经费/万元	文献/种	文献/册
1983	21	4 863	46 361
1984	26.7	6 490	49 496
1985	41.92	6 731	55 986
1986	55	7 287	66 049
1987	38.77	8 211	32 397
1988	36	5 086	14 438
1989	39.34	4 887	17 599

1982年以前,我馆确定的中文书副本率为9.4,外文书副本率为3.2,社科书占总藏书量的40.5%,科技类图书展59.5%。1982年以后,我馆对副本率和藏书结构进行了调整,在后来的采访制度中,中文书的副本率提高到了10,外文书副本率为5～7,社科书刊占总藏书量的25.5%,科技书刊占65%,语言类工具书占5%。然而,20世纪80年代后期书价飞快上涨,经费严重紧缺使藏书建设工作处于十分艰难的局面。对此,图书馆采取了应急措施,除了继续压缩副本、调整馆藏结构之外,自1987年起,我馆制订了经费统筹计划、切块使用的管理办法。同时,我馆开展了全面调查研究工作,结合我院专业及课程设置,重新确定了核心期刊、重点期刊和一般期刊的种数和册数,重新确定了中外文图书采购比例6∶1,压缩了副本量,外文图书1∶1.5,中文图书1∶5。为使藏书结构合理,并保证核心书刊的完整性和连续性,充分发挥了院内选书顾问的作用,精打细算选好书刊。书刊价格上涨导致1986年以来我馆收藏的会议录明显减少,许多会议文集不得不中断,读者一度对此有很大意见。为解决经费紧张与读者需求之间的矛盾,我馆从1987年开始购入缩微平片型的资料,每张平片可容纳98页,费用不到2元,比购买原版会议录节省约90%的费用。依靠这种方式,我馆收藏1987年国际会议录近百种,此外

还包括美国博士论文、国内硕士论文和国际专利索引等平片,并备有两台阅读机供读者查阅使用。

除了制订常规的采访政策之外,我馆还根据形势灵活调整采访制度。为了体现藏书特点,防止漏订、重订,保证重点藏书的配套,从1983年起,我馆与人民邮电出版社签订"存款购书"合同,即每年年初汇给该社一部分资金,该社每出版一种新书给我馆10册,由我馆馆员每月按时取回。

2. 编目工作

20世纪80年代初期,我馆的编目工作还基本停留在卡片著录阶段。1981年,为揭示馆藏,方便读者利用书刊,采编室工作人员核对了读者中文分类目录47 300卡片,重新更换了导片,同时对缺卡的500多种图书做了补充,并编制了读者用的西文、俄文和日文期刊目录。我馆于1987年年底制定了相应的著录条例,包括《北京邮电学院图书馆中文图书著录条例》《北京邮电学院图书馆西文图书著录条例》《北京邮电学院图书馆声像资料著录条例》《北京邮电学院图书馆外文期刊著录条例》《北京邮电学院图书馆中文期刊著录条例》。上述条例的制定基本保证了著录格式的统一,著录项目与顺序的统一和著录标识符的统一,为下一步采编工作的信息化打下了良好的基础。

20世纪80年代中后期,随着新技术的发展,我馆在采编工作中启用了计算机系统。经过充分的准备,于1986年提出了"中、西文图书采编业务微机管理系统"的设计思想和方案。不到一年的时间,我馆在长城0520 A微机上研制出基本能取代现行手工操作的采编业务微机管理系统,并于1987年1月通过了院级鉴定。这个系统具备完成新书预订、到书、财务处理三项主要功能。经过一年多的试用证明已基本达到了预期的要求。1988年,外文采编系统开始运行。同年,我馆实现了图书分类编目的标准化,使编目工作纳入了国家标准化轨道,外文图书的编目基本采用了国际统一标准。中文图书的著录原则上执行了国家标准《文献著录总则》,外文书刊著录原则上采用了国际统一标准《英美著录条例》。在文献分类方面,在制定必要的工作条例和规范的基础上,经过业务培训和考核,于1988年9月1日起停止使用《中国人民大学图书馆图书分类法》,而改用《中国图书馆图书分类法》(《中图法》)中有关电科学类目更加详细,能够满足我馆文献分编工作的需要,更加适合我校的专业特色。采用《中图法》作为组织藏书的分类依据实现了文献分类工作思想性、科学性、适用性"三性"的统一。从此,我馆的编目工作基本纳入国家标准,实现了分类标准化、著录标准化和汉字排检标准化。应用《中图法》之后,我馆的选书体系也纳入了标准化轨道,这有利于我院读者利用国内其他图书馆的文献资源。在计算机管理的推动下,图书馆结合管理制度的改革,加强了基础业务各子系统的联系和协作,改革了采编加工整理渠道的工作流程,提高了工作效率,还动员力量解决了新书长期积压不能入库的问题。同时，限定了加工整理时间，保证了新书及时与读者见面。

与更换分类法同时进行的还有中文图书排架规则的变更。1988年以前，我馆排架以字形为主，其中包括笔画、笔顺和四角号码，其存在的问题是——排架方法、名目过多过繁，排架速度慢，不科学和不规范。自1988年9月1日起，我馆启用以中国文字改革委员会颁布的《汉语拼音方案》作为中文书刊排架的依据，即以汉语拼音音序作为书名目录、著者目录以及主题目录等的主要依据。从而进一步使书目汉字实现了"音、形、序"的统一。与此相适应，又引进了国内外先进的通用方法，改革了索书号的结构，使之更为科学、直观、简化。同时，我馆制定了《北京邮电学院图书馆中文图书目录组织规则》与《北京邮电学院图书馆声像资料目录组织规则》，进一步规范了编目和排架。

（三）剔旧工作

补充新书和剔除旧书是藏书建设的两个方面。为了保证馆藏质量，我馆于1987年年底至1988年完成了建馆以来第一次全面的图书清理和审剔工作。在保证流通阅览正常进行的前提下，在既无经验又缺人手的情况下，我馆先后抽调人员组成中文图书和俄文图书审剔小组，确定剔除标准、范围和程度，对于知识老化、陈旧过时，以及非本馆收藏范围、质量低劣、粗制滥造、副本量大和内容严重重复的中俄文图书进行了剔除。在全体馆员的积极配合下，历时一年多顺利完成了此项工作，共剔除中文图书12 483种，80 874册，俄文图书3 800种，4 000册，种册数分别占总藏书量的14.54%和14.80%。此次图书审剔工作为我馆图书审剔工作的科学化、制度化积累了经验。

三、信息服务

（一）读者服务

20世纪80年代初，我馆仅开设外文阅览室（教师使用）、邮电专业阅览室、社科阅览室和基础阅览室，阅览室总座位数270个。在此之后，我馆努力克服一线人员不足的困难，不断延长开放时间，从20世纪80年代初每周开馆不足60小时，达到1989年每周开馆97小时，超过了国家教育委员会（简称"国家教委"）规定的高校图书馆每周开放70小时的指标。接待读者人数和书刊流通率均保持逐年上升的趋势。以1987年为例，平均每天接待读者约1 600人次，书刊流通量约1 200册次（20世纪80年代图书流通情况如图2-3所示）。在书刊的流通方面一直坚持"统一管理、利用方便"的原则。对于一般读者,在阅览室实行分科全开架或半开架的借阅方式;对于教师和研究生个性化的需求尽量满足,允许进库查阅、代查和代借;对于相关单位采取上门送书、有偿服务等多种形式。

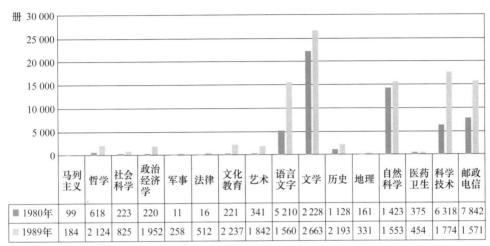

图 2-3　1980 年和 1989 年北京邮电学院图书馆图书流通学科统计

(二) 咨询服务与用户教育

1982 年,图书馆尝试开展参考咨询工作。编制馆藏《国外科技检索刊物简介》,开设文献检索室,将馆藏的检索工具资料,包括文摘、索引、书目、辞典、年鉴、年册、会议录、专利和报告等集中于检索室内,供教学、科研使用。

随后,为了进一步发挥图书馆的教育职能与情报职能,扩大新的服务领域,响应国家教委提出的"高校图书馆必须发挥教育职能和情报职能"的号召,我馆于 1984 年分别在研究生、高年级本科大学生中开设了"文献检索与利用"课程和"怎样利用图书馆"的讲座。1986 年暑期后,"文献检索与利用"课程又正式被列为选修课,选课人数连年攀升,每年达到 400 人次。文检课的开设对增强学生的情报意识,提高科技检索能力取得了较好的效果。1987 年秋季成立"情报教学教研室",由专职和兼职教师组成,编写系列教材,建立检索实习室,配备了必要的工具和设备。并于同年开始尝试使用 IRS4 文献检索系统,我馆不断拓宽服务渠道的举措得到师生们的广泛支持。

在此基础上,我馆努力增强工作人员为读者提供咨询服务的意识,逐步树立图书馆"藏用并举"的思想观念。为院内外科教人员开展文献咨询、定题服务和代查代译资料服务。例如,为叶培大教授提供国外光通信专家的有关资料,为中国人民解放军原总参谋部63所的电子通信课题实行定题服务等,年均接待各类咨询和待查资料工作超过1000人次。此外,我馆还增设了文献检索阅览室和中心目录厅的专职咨询人员,开办了"怎样利用图书馆""文艺美学""生活美学"等专题讲座。根据读者需要,我馆还编制整理了几十种专科书目,如《高等数学书目》《移动通讯目录》《美国博士论文平片》《通讯学会载波专业会议论文集》等,逐步参与了学院的科研项目,为学院的教学和科研工作做出了贡献,也受到了广大师生一致的好评。

(三)益友读书协会

为了履行图书馆的教育职能,密切联系读者,加强读者的思想教育,开展形式多样的课外活动,1989年4月,图书馆和院团委共同发起成立了北邮"益友读书协会"。协会的宗旨是:"活跃校园文化生活,开拓广大读者的视野、完善知识结构,提高读书效益,建设社会主义精神文明。"协会成立以后,确立了"多读好书、广交益友、多干实事、持之以恒"的工作方针。协会设有理事会,成员以学生干部为主,实行聘任制。来自学院党委、团委、图书馆的负责人分别兼任协会的理事长与副理事长职务。读书协会成立之初,其参加人数之多、活动积极性之高,在全校性的社团中可谓首屈一指。益友读书协会会员将近400人,占全校学生的10%。

协会主要以开辟第二课堂、完善学生知识结构为导向,开展了一系列丰富多彩的读者活动。如邀请作家、编辑、本院教授或馆员等举办专题报告、讲座;为毕业班同学代销旧书、筹建书亭、代销代购热门书刊;进行纪念"12.9"运动主题征文活动;组织"知识竞赛""读书竞赛"等。我院虽然以工科学生为主,但学生们对文学、历史类书刊的热情依然浓厚,益友读书协会将这部分会员组织起来,加以引导,大家一起读书、讨论、座谈和写稿,提高了读者们的学习和创作热情。

此外,为使协会的活动得到更广泛的宣传,吸引更多的读者加入,理事会还决定编辑益友读书协会会刊,由热爱和擅长编辑宣传工作的学生分期负责完成。刊物栏目分为获奖征文、推荐新书、书评、读后感、专题书目、图书馆与读者、文艺和信息窗等。会刊为季刊,实行内部发行。

益友读书协会是图书馆开展读者工作的得力助手,也为校团委提供了团结青年、开展思想教育的平台,更是广大读者与图书馆相互沟通的桥梁。成立益友读书协会可谓我馆开展阅读推广工作最初的尝试。

四、制度建设

1981年9月,教育部在北京召开了全国高等学校图书馆工作会议,会后下发了《中华人民共和国高等学校图书馆工作条例》(简称《工作条例》),明确了高校图书馆的性质和任务——"高等学校图书馆是学校的图书资料情报中心,是为教学和科学研究服务的学术性机构,它的工作是教学和科学研究工作的重要组成部分。"在《工作条例》精神的指导下,我院各级领导干部和图书馆工作人员提高了对图书馆工作重要性的认识,加强了对图书馆工作的领导,在规章制度、机构设置、人员配备等方面都有了显著的改进。1985年,我馆确立了图书馆工作的总目标,即最大限度调动馆内各类人员的积极性,加快建设具有中国特色和邮电学院特点的现代化图书馆步伐,使图书馆逐步成为具有高水平服务、高效能管理的全院图书、资料和情报中心,这使得图书馆在工作标准化、管理科学化、人员专业化和服务手段现代化等方面有一个明显变化和较大的发展和突破。1987年,原全国高等学校图书馆工作委员会改组成立全国高等学校图书情报工作委员会,对全国高校图书情报事业进行协调、咨询、研究和业务指导,并将教育部1981年颁发的《中华人民共和国高等学校图书馆工作条例》进行修订,改名为《普通高等学校图书馆规程》,进一步指导和促进了高校图书馆事业的发展。

(一) 机构改革

从1981年起,馆内的组织机构曾两度进行了调整。第一次将原来的采编组、流通保管组和参考阅览组,调整为办公室、采编室、流通保管室、参考阅览室和期刊室共五个室。随后,为进一步适应教育体制改革的需要,不断改善与加强图书馆的各项工作,更好地为教学服务,我馆又于1984年将上述五个室调整为"一室七部",即办公室、采访部、编目部、期刊部、阅览部、流通保管部、情报服务部和技术部,这为进一步加速图书馆的建设,进行全面改革,提供了可靠的组织保证。

"一室七部"的主要职责为:办公室主要协助馆长组织全馆活动,安排有关工作会议,负责内外联系,接待来访参观;办理文书收发、管理馆内档案;掌握馆内财务、统计和各种业务报表;负责馆内人事管理,安全保卫工作;管理设备资产、计划及购置、发放全馆专业用品;处理读者意见,以及不属于各部门的各项工作。采访部负责各种类型图书资料的预订、采集;进行各种书刊、资料交换和赠送工作;进行图书资料的验收、登记及注销工作;搜集与介绍国内外科技情报与出版消息;进行馆内书刊资产财务管理,编制书刊经费预算,掌握经费开支;掌握入藏书刊的动态分析及统计。编目部进行各种类型图书资料的分类、编目、制作目录卡片工作;编制各种图书目录,负责各种目录的维护保管;定期编制标题、专题、主题目录及各种书目;编制各种书刊资料、新书通报、索引,及时报告入藏书刊,开展目录学及目录体系的研究;协助与配合有关部门研究、计算机在目录系统中的应用。期刊部办理各种中外文报刊的选订、分配、补缺;进行各种报刊登记、陈列、推荐和典藏等工作;负责报刊阅览室的组织管理工作,编制中外文期刊目录、索引,定期进行馆藏报刊的统计;进行各种报刊的整理、装订、分类、编目及原版期刊的管理;掌握国内外各种期刊的出版目录、出版动态;编制各种期刊补充统计及经费预算。阅览部负责组织与管理各科阅览室及辅助书库的工作;解答读者提出的各种参考咨询;进行各种报刊资料的剪贴、选编、分类、借阅、收发、管理等工作;根据形势与任务的要求,进行图片的展览、宣传;指导读者利用各种书刊资料、目录和文献检索工作。流通保管部负责馆藏图书(刊)的出纳、典藏及组织管理,定期清点工作;办理馆际书刊互借,并负责检查催还工作;进行各种书刊的推荐、介绍、陈列及有关书刊的剔旧、提存、保管工作;负责各种书刊的流通、过期催还、停借、无损、遗失赔偿等工作;进行各种书刊的流通统计、分析研究工作;负责全院师生员工借书证的发放、补发、收回、登记及离校清还工作。情报服务部利用各种中外文工具书刊资料解答读者咨询;掌握院内教学、科研计划和动态,为重点课题提供文献资料;掌握国内外出版情报、科学技术发展动态及科研最新成果,编制专题目录、检索、文摘;有计划、有系统地搜集古今中外的各种工具书资料及检索室的管理工作;负责各种情报资料选订、补够、交换、管理;进行情报资料的研究分析工作,在高年级本科生和研究生中开设情报检索选修课;有计划、有组织地举行读书报告会和有关专题讲座。技术部收藏与订购各种视听资料;购置与管理各种视听等现代化设备;组织与管理视听室、缩微阅览室、照相复印室,负责全院教学、科学研究方面的资料文献的复制工作;开展图书资料管理现代化的科学研究,逐步采用电子计算机、缩微机、阅读机、录音机等先进设备,使图书馆管理科学化和现代化;负责组织与规划电子计算机在情报检索和图书馆采购、编目系统中的应用;编制各种情报文献资料检索程序;培训有关视听、复制和计算机方面的技术人员。

与此同时,图书馆明确了自身的职责及主要任务——图书馆是在院长领导下学校的图书资料情报中心,是为教学和科学研究服务的学术性机构,要加强书刊的建设和管理工作,逐步实现管理工作的现代化。图书馆的主要任务是:

① 根据学校的性质和任务,采集供应学校教学、科研和文化科学技术方面所需的书刊资料,用科学的方法进行分类、编目、借阅、保管等工作;

② 配合学校政治思想教育工作,宣传马列主义、毛泽东思想和政府的政策法令;

③ 根据教学、科学研究和课外阅读的需要开展流通阅览和读者辅导工作;

④ 开展参考咨询和情报服务工作;

⑤ 开展查阅文献方法的教育和辅导工作;

⑥ 统筹协调全院的图书资料情报工作,对各部资料室负责业务指导;

⑦ 开展馆际协作活动,进行国内外书刊资料交换;

⑧ 制订图书、情报资料发展规划,培养图书馆专业干部;

⑨ 进行图书馆学、目录学和情报理论、技术方面及现代化手段应用的研究;办理院长临时交办的有关事项。

为了进一步加强图书馆建设,不断改善与提高图书馆工作质量,密切教学与科研工作的关系,北京邮电学院于1985年2月成立了图书馆委员会。委员会为咨询性机构。委员会的成员原则上应由各系部等有关部门挑选热爱图书馆事业、关心和熟悉本专业学科书刊出版动态的专家、教授等科研人员和有关代表组成。经推荐考核确定,胡健栋担任图书馆委员会主任委员;朱祥华、唐人亨、王戊辰担任副主任委员;郭燕奎担任秘书;委员为倪维祯、赵辰、陈炳南、张善德、费时雨、梁雄健、张玉田、吴昌炽。图书馆委员会每学期定期召开一次至二次会议,听取图书馆负责人的工作报告,审议图书馆年度计划,讨论图书馆工作中的重大问题,并向院领导提出改进工作的建议。

(二) 人才建设

图书馆要很好地完成各项任务,提高服务水平,重要的问题是要保证人员的数量与质量。1978年,图书馆共有馆员29人,1983年馆员增加到50人,其中初、高中文化程度的有29人,占总人数的58%,具有大专文化程度的仅有15人,占总人数的30%,受过高等图书馆学专业教育的人偏少,仅有6人,占12%,非图书馆学专业的人才奇缺,仅有9人,占总数18%。1983年之后,图书馆陆续调入了一批中青年同志。在人才培养方面,我馆的基本做法是:一是充实,对急需人员有计划按比例地补充,按正式渠道逐年选留本、专科毕业生;二是整顿,对不适合做图书馆工作的现有人员进行逐步调整;三是稳定,充分发挥和大胆任用中青年的业务骨干,把其中具有真才实学和学有专长的同志提拔到关键岗位。截至1988年,整个图书馆已拥有一支近80人的专业队伍,其中部主任级以上的干部15人(他们中有10人是在1984年机构改革中提升的)。在使用提拔干部中,既要看学历又要看能力;既要看文凭又要看水平,不搞唯学历和唯文凭论。20世纪80年代后期,我馆相继派遣近10名馆员参加成人教育学习,并取得相应学历,更多的馆员积极参加了专业培训,提高了专业技能。这支队伍经过培训提高,成为日后馆内的骨干力量。截至1988年,图书馆工作人员共有100人,其中高级职称2人;中级职称21人;初级职称29人。

自1984年起,我馆进行了定岗、定编、定任务的"三定"工作,相应制定了考勤、考德、考绩等各项考核制度,制定了《图书馆岗位责任制考核办法》,建立了岗位责任、考核办法、浮动奖金三位一体的岗位责任制,明确了图书馆各部门和每个工作人员的基本职责,每个岗位的工作内容及其基本要求。为逐步实现工作标准化、考核数据化,打下了良好的基础。1985年,我馆明确了实行院长领导下的馆长负责制制度。干部管理实行三级管理制,即馆长、部室、小组。馆级由馆长 1 人和副馆长 2 人组成;部室由主任和若干副主任组成;小组设组长 1 人。

1986 年,我馆开始了专业职务评聘工作,到 1988 年初为止,基本上完成了第一批专业职务的聘任工作。把目标管理、竞争机制等科学的管理方法尝试性地引入到图书馆管理体制上来,促进了工作和业务的提高。

五、技术创新

20 世纪 80 年代初的实践说明电子计算机等现代技术在图书馆的应用势在必行。据不完全统计,1984 年以前,国内有 30 多所高校图书馆在流通、检索、编目等方面运用了计算机,获得了效益和经验。为了跟上技术发展应用的浪潮,不拖教学、科研发展的后腿,为使我馆能较快地引进电子计算机等新技术,在学院计算机中心、三系自动化教研室、一系计算机教研室的部分领导和教师的支持下,我馆于 1983 年和 1984 年初在文献检索、书目查录、环形局域网等方面做了一些方案论证和实验,为我馆开展自动化工作做了准备。

北邮图书馆自动化工作起步于 1984 年,当时我馆承担了第一个校级立项的"图书馆自动化"科研课题之后,在两台"长城 0520"计算机上开始了我馆第一代自动化管理系统的研制工作。两年后,由我馆技术人员研制的图书馆采编业务微机管理系统正式问世,并于 1987 年在我馆采访和编目部门正式使用,使图书馆业务人员初次接触了计算机,懂得了如何使用计算机管理图书馆的业务,计算机检索可靠、方便、快捷和输入输出的标准化,以及一次输入多次利用的特点,使业务人员工作效率明显提高,同时也给图书馆业务人员留下深刻的应用体验,在图书馆领导和工作人员中树立了继续开展图书馆自动化应用研究的决心以及现代图书馆的发展要靠自动化的信念。在随后的几年中,我馆又陆续添置了计算机设备。1988 年,期刊管理系统在原有基础上改进与完善,并在计算机上研发了图书馆行政系统与业务系统,进行了调试和整理。当年选派 6 名工作人员参加自动化管理学习班培训,院培训中心、计算中心等单位的配合支持下和在日本专家的指导下,工作人员在 ACOS-450 机器上开发了流通管理系统,基本上实现了读者登录、图书登录、图书检索、借书、还书等功能。工作人员刻苦学习精神和高效率的工作给日本专家留下了深刻的印象,得到了好评。

1988 年,视听室经过筹建、调整、扩建后,正式对外开放,共设有 48 个听音座位。当年接待读者 10 497 人次(其中为学生放映录像片 11 场,累计 928 人次)。由于环境清静、工作人员服务热情和服务针对性强,视听室成为图书馆最受读者欢迎的场所之一,为提高学生外语听力发挥了较好的作用。

六、学术成果

我馆积极鼓励并组织馆内工作人员,特别是从事多年图书馆工作,经验丰富而又具有一定研究能力的中、高级人员结合实际工作,进行某些专题研究,将研究成果总结成论文、报告,在一定范围内进行交流,这样做不仅可以提高工作人员的业务水平和研究能力,而且可以促进和加速干部队伍的建设(1981—1989年北邮图书馆馆员发表论文统计如表2-4所示)。除此之外,我馆还采取多种方式提高馆员的专业素质和业务能力。例如,举办专题讲座,1981年我馆组织中青年同志按图书馆的性质、任务等10个专题在全馆人员中举办讲座。学习之后组织考试,效果很好。再如,1982年,我们组织馆内的新老同志,学习了《图书馆专业基本科目复习纲要》,系统地掌握图书馆学的基本知识。1988年,根据工作需要选派6名同志参加北京师范大学图书专业学习班和英语夜大班学习。为了适应业务改革,在全馆范围内举办一次《中图法》学习班,并进行了结业书面考查。1988年,情报部的同志为了提高专业知识,邀请我院教师进行了通信专业知识讲座。

表2-4　1981—1989年图书馆馆员发表论文统计

作者	题名	刊名	发表时间
张惠敏	分析高校《学报》引文 改进图书馆管理	图书馆学研究	1989(6)
张惠敏	谈高校图书馆咨询服务	大学图书馆学报	1989(2)
朱榕年	对高校图书馆职能的再认识	晋图学刊	1988(3)
郭燕奎	建立文献分类学理论体系的思维方法	高校图书馆工作	1986(3)
韩飘扬	高校图书馆书目工作特性分析	图书馆界	1985(3)
王卫平	改革图书采购工作的一点尝试	高校图书馆工作	1985(1)
王戊辰	浅谈高校图书馆的改革问题	高校图书馆工作	1983(4)
岳逢润	谈高校图书馆图书预订工作的计划管理	图书馆学研究	1983(3)
王戊辰	加强科学管理,更好地为教学和科研服务	图书馆学研究	1983(1)
王戊辰	谱写高校图书馆事业的新篇章	高校图书馆工作	1981(4)

七、交流合作

1983年6月,北京地区高校图书馆工作委员会正式成立,其工作职能主要是组织北京地区高校图书馆的协作、培训、科研、交流和出版刊物等活动,推动高校图书馆工作更好地为教学和科研服务。该委员会秘书处设在中国人民大学。主任委员为北京市高等教育局副局长徐德贵,副主任委员兼秘书长为人民大学图书馆副馆长于声,我馆馆长王戊辰担任副主任委员兼任副秘书长。北京高校图书馆工作委员会会刊《北京高校图书馆》杂志由我院主编。

1987年,第三次全国高校图书馆代表大会召开以后,邮电部教育局根据会议精神,为了加强邮电高等院校图书馆的教育职能和情报职能,探讨在新形势下如何更好地发挥高等学校图书馆教书育人、服务育人的思想,发展教学、科研事业,促进"两个文明"建设,更好地组织协调、开发利用文献情报资源,以及交流工作经验等,拟成立全国邮电高校图书情报工作委员会,委托北京邮电学院图书馆负责筹备工作,全国邮电高校图书情报工作委员会会址设在北京邮电学院图书馆。1987年11月,在北京邮电学院召开了全国邮电图书情报工作委员会成立大会。北京地区高校图书馆工作委员会副主任赵侃和北京邮电学院副院长朱祥华在会上发言。会上讨论了如何落实《普通高等学校图书馆规程》和第三次全国高校图书馆代表大会的精神;通过了全国邮电高校图书情报工作委员会章程;制定了邮电高校图书情报事业"七五"规划;选举产生了邮电高校图书情报工作委员会领导机构。全国邮电高校图书情报工作委员会成员馆有:北京邮电学院图书馆、南京邮电学院图书馆、长春邮电学院图书馆、重庆邮电学院图书馆、西安邮电学院图书馆、石家庄邮电专科学校图书馆、邮电部管理干部学院图书馆。主任由熊秉群担任,副主任和秘书长由马自卫担任。

邮电图工委定期发布各成员馆工作简报,定期召开会议进行工作交流和讨论。例如,1988年10月,在南京邮电学院图书馆召开第二次会议,研讨邮电高校图书馆科技文献检索与利用课的教学问题,会上介绍了南京邮电学院与北京邮电学院在文检课方面的先进经验,整体上提升了邮电高校文检课的开课质量。1990年10月,在西安邮电学院图书馆召开了图工委第三次会议,确定了"主动、热情、耐心、迅速、准确、方便"的12字邮电高校图书馆工作方针,要想读者所想、急读者所急,多头并行,拓宽读者服务渠道。

八、馆舍建设

我馆在1955年建馆以来的30年时间内,始终没有正式的馆舍,一直是采取辟用、借用的方式维持着图书馆的正常工作。1981年,图书馆总面积仅为1 833平方米,其中书库面积736平方米,阅览室面积1 034平方米。我院图书馆大楼在邮电部及上级有关领导部门关怀下于1981年正式获得批准,学院成立了以王锡祥为首的图书馆建筑领导小组。在院领导及院内基建办公室和各兄弟单位的积极配合下,1982年9月破土动工,经过整整三年的建设于1985年12月20日竣工,并交付使用。

图书馆大楼的落成是北京邮电学院一件具有重要意义的大事,可以从根本上改善广大师生的阅读条件,也标志着我院图书馆进入了一个新的阶段。图书馆大楼为 13 000 平方米,坐东向西,南北宽 83.27 米,东西长 56.55 米,平面造型近似"出"字形。当中为门厅、书库,两翼为阅览室,其中南侧为教师、研究生阅览区,北侧为本科生阅览区。两翼之间有两个内院,南北有两条连接两翼的通道,通行方便。新馆舍书库与阅览室的结构层高为 4.5 米,阅览室的荷载为 700 千克,总藏书量可达 100 万册。这样不仅可以使阅览室灵活多变,随时调整与变换室内的布局,而且为馆内各业务部门的相互往来和运送书刊等提供了便利。新启用的图书馆大楼可开设大、中、小型各类阅览室 22 个,同时容纳 1 400 余名读者阅览。单个大型阅览室可容纳 130 人,单个中型阅览室可容纳 100 人,单个小型阅览室可容纳 30 人,研究室可容 3~5 人,专供教师从事科学研究使用。其中专供学生使用的中文阅览室有:技术科学阅览室(2 个);自然科学阅览室(2 个);人文科学阅览室(2 个);期刊阅览室;报纸阅览室。专供教师与研究生使用的阅览室(均为外文)有:教师阅览室;第一外文阅览室;第二外文阅览室;文献检索阅览室;教师、研究生普通阅览室。除上述各科阅览室外,还设立了 6 个专供科教人员使用的课题研究室,2 个视听阅览室和 1 个可容纳 200 人的学术报告厅。阅览室均采用全开架或半开架的管理办法。

根据图书馆设计过程中的感悟,要使其布局合理,关键是要按照图书馆功能的要求,抓住"三个关系"和"三条路线"之间的相互联系。"三个关系"是指要处理好阅览室、书库和内部业务用房三者的关系。"三条路线"则是指读者的活动路线,工作人员的行走路线和图书的运行路线。这是解决好图书馆建筑布局的核心,也是衡量高校图书馆建筑设计的主要标志。根据上述要求,我馆把书库与借书处(包括目录厅)、阅览室与辅助书库,都按照学科的内容,采用分层、分区以基本单元布局的方式,组成三线制的藏书体系,实行分科服务。使一、二、三线的藏书形成一体化,构成了既有分隔又有联系的合理布局。在处理人流与书流的关系上,根据我馆的实际情况,将学生与教师行动路线分开,将图书馆工作人员和读者行动路线分开,将运送书刊的路线单独设置,避免了相互干扰。

建筑图书馆除注意合理布局、科学组织藏书外,还应精心设计馆内各种业务用房,不断改善各类业务人员的工作条件。在设计图书馆时,我们吸取了国内外的先进经验,将开架阅览室和辅助书库,以及工作人员的工作室连成一体。特别是对典藏和出纳工作人员用房,做了精心安排。由于他们长年累月在书库借书台工作,劳动强度很大。为了他们的健康,我们在每层书库借书处、阅览室都设置了工作人员工作室,并且朝向、地势、采光和通风都比较好。这对保证与改善其工作条件,提高其工作效率起到了非常重要的作用。

第三章 技术引领下的服务与创新

一、图书馆概况

20世纪90年代使用的图书馆大楼落成于1985年,建筑面积为13 000平方米。馆藏具有鲜明的邮电通信和电子学专业特色,尤其是世界上一些享有盛誉的电信专业书刊收藏较全。1991年初,我馆通过了《北京邮电学院图书情报工作暂行实施细则》,明确了我馆的发展思路,即"图书馆是我院文献情报信息中心,逐步发展成为全国邮电高校文献情报中心""藏书建设要结合学科专业向广度深度发展,为教学、科研和生产提供文献资料保障,要以最大限度满足读者对文献资料的需要为出发点,通过多种途径,有计划、有重点地收集国内外文献资料,逐步形成具有邮电专业特色的馆藏体系"。截至1998年,馆藏中文图书74.5万册,外文图书7.8万册,中文期刊3.2万册,外文期刊2.3万册。中文现刊892种,外文现刊396种,光盘500余件。另外,还收藏有缩微、视听等多种载体的其他文献资料。

我馆分别于1993年、1996年和1998年进行了三次图书馆信息网络建设,初步形成了包括光盘网络、自动化集成管理系统网络和面向读者的检索服务网络为一体的图书馆信息网络系统。我馆共拥有计算机145台,其中服务器9台,全馆计算机外设存量达到48 GB,每种书达到330 K,可以满足自动化的需要,服务器硬盘总容量位居国内高校图书馆前列。拥有SUN E300等主机系统,配有较完善的电子阅览室设备、光盘塔等。图书馆网络主干采用6芯光缆,配线架到桌面,网络采用五类双绞线,整个网络为★形结构,网络速度增加到100M,网点达到420个。图书馆的每个工作室、阅览室、书库都有计算机网络信息接口,形成了完整的图书馆局域信息网络,为图书馆自动化、网络化应用系统和服务系统提供了良好的网络环境。

北京邮电大学作为CERNET节点院校之一,于1994年校园网建成之时即联入Internet网,校园网用户可通过校园网、CERNET网、Internet网查阅外馆的书目数据和文献数据。同时,我馆申请了美国DIALOG公司账号,通过国际联机可以检索 DIALOG 数据库;申请中信所账号,该国际、国内联机数据库可用于课题查新和检索服务。

为发展我国邮电教育事业,适应国家经济建设和社会发展的形势,1992 年北京邮电学院向邮电部教育司递交了《关于将"北京邮电学院"校名改为"北京邮电大学"的申请报告》。1993 年 12 月 6 日,国家教委正式批准北京邮电学院更名为"北京邮电大学"。1994 年 3 月 2 日,我校举行了隆重的更名庆典。由"学院"更名为"大学"是历代北邮人翘首以待并为之不懈奋斗的目标之一,是北邮发展史上的一件大事,也为我馆迎来了改革与发展的新机遇,激励着我馆为邮电通信事业的蓬勃发展不断创造出新的成绩。

二、资源建设

(一)纸本资源建设

从 1987 年起,北京邮电学院大部分系资料室都合并至图书馆,基本实现了图书情报一体化,极大地方便了文献采购与资源共享。20 世纪 90 年代初期,图书馆每年 90% 以上的经费都用于文献资料的购置。大致的经费分配比例为:中外文图书各占 20%,外文期刊占 40%,中文期刊占 5%,非印刷型资料占 5%。据 1990 年年底统计,我馆共有藏书 118 115 种,650 474 册;合订期刊 3 271 种,34 532 册;学位论文 766 种,766 册;文献 2 800 种,12 051 件,录音带 1 227 盒,录像带 147 盒,总计 699 197 册件。社会科学与自然科学图书之比为 3∶7。1995 年以后,随着"九五"期间"211"工程项目的开展实施,我馆的年度经费出现了大幅度的增长,经费分配的比例逐渐向光盘资源倾斜(如表 3-1 所示)。为了尽最大可能提高资源的采选质量,我馆设立了专门的选书顾问委员会,由 10 名系部学科带头人组成,他们的建议丰富了我馆采访工作人员的经验。

表 3-1 1993—1996 年年度采访经费与文献种册统计

年份	年度经费/万元	文献/种	文献/册
1993	71	6 133	16 894
1994	123	5 847	22 783
1995	210	6 891	22 307
1996	210	6 973	21 911

1991 年 9 月,我馆采编系统开始全面采用计算机操作,完成了从手工采编到人机并行的过渡。1998 年,我馆完成了联机编目系统的研制,实现了与国外 Z39.50 系

统的联机编目应用。这为我馆的中外文编目工作提供了极大的便利,我馆书目数据的规范标准逐渐与国际接轨。截至1998年年底,我馆已完成全部中文书和中外文期刊的书目数据转换,实现了全部中文书目机读化。书目数据格式符合标准,并实现了规范控制。

从1992年起,摩托罗拉公司与我馆达成了捐赠协议,摩托罗拉公司每年资助图书馆一笔经费,用于购买通信、电子类重点期刊,同时图书馆提供场地和专架,用于摆放公司的资料和文献,供读者查阅。20世纪90年代,我馆利用这项经费陆续购买了 *Applied optics*,*International journal of expert systems*,*Telephony*,*Library Hi Tech* 等刊物。据不完全统计,每年约有5 000人次利用这部分资料,丰富馆藏的同时,为教学科研提供了更好的条件。

(二) 数据库建设

截至1999年年底,我馆采购、引进的中外文数据库共有18个,自建了书目数据库与邮电通信专业特色数据库。引进库与自建库共同构成了丰富的馆藏电子资源。

1. 光盘数据库

1994年以来,我馆投入大量经费用于光盘数据库资源建设,用于购买光盘文献的经费由1994年的6.5万元增至1998年的61.3万元。我馆选用了DIGITUS公司28个光盘驱动器的光盘塔设备。系统采用的主服务器是美国MicroMedia光盘网络服务器,其操作系统为Windows NT,网络协议为TCP/IP。该网络采用100兆以太网结构并集成一些100兆网络设备,以支持高速传输大量声像、动画等多媒体资源的共享。我馆购买了多种通信、电子学专业光盘数据库资源,构成了我馆特色光盘文献馆藏,主要包括IEEE/IEE Electronic Library (JEL)光盘、国际/欧洲计算机与通信标准大全数据库光盘(ITU)、INSPEC光盘和中文科技期刊数据库等。

2. 书目数据库

我馆于1993年开始,进行了自1955年以来的中文书目数据回溯建库工作,通过两年多的努力,于1996年完成了全部中文馆藏图书的书目回溯工作,实现了全部中文书目机读化。我馆按照国际、国内有关著录规则和中、西文机读目录通信格式,以及北京地区高校制定的三级编目标准建立了完整级的书目数据库,无论在著录上,还是机读格式上都严格按照国家标准操作执行。我馆自1996年起停止了读者卡片目录的制作,陆续实现了中文图书、中文期刊、外文图书、外文期刊的机读目录。我馆建设的书目数据库除供本馆使用外,还供新疆邮电专科学校、首都师范大学、南京邮电学院、安徽省邮电专科学校、河北工业大学廊坊分校、北京青年政治学院共6所院校图书馆使用。截至1999年,我馆书目数据共159 373种,504 693册。其中,中文图书132 466种,454 601册;外文图书22 970种,44 701册;中文期刊2 447种,2 754册;西文期刊1 490种,2 637册。主题规范101 372条,本馆主题规范5 416条,连接本馆书目数据的主题规范16 027条。名称规范数据184 998条,本馆名称规范10 693条,连接本馆书目数据的名称规范111 217条。读者有效数据12 584条。

3. 邮电通信文献专题数据库

邮电通信文献数据库始建于1995年,它是一个以馆藏文献为基础的大型专业数据库,包括信息、通信、电工、电子、电路与设备、计算机技术与自动化技术等领域的图书、期刊、学位论文等文献资料,以及篇名数据及电子出版物等。截至1998年年底,邮电、通信文献专题数据库的数据量有5万余条,并将不断积累更新。该数据库完全按照《邮电通信技术主题词表》对文献进行分类组织,并采用通用的WWW界面进行检索,对于检索到的结果,北京邮电大学图书馆还将提供一次文献服务。

邮电通信文献数据库在建设的过程中,始终坚持数据库的标准化、实用化、通用化的原则,以用户需求为中心,以服务为目的。主要从以下几个方面进行考虑:第一,数据库数据组织的标准化。按照《邮电通信技术主题词表》进行分类组织数据,整个数据库力图规范、全面地反映邮电通信的各个领域的情况。第二,数据格式的标准化。参考《英国科学文摘》《工程索引》等,对每一条数据采用目前国内外通用的记录格式和主要字段,主要包括:文献类型、标题、责任者、责任者单位、文献出处、语种、文摘、分类、主题词及关键词等项。第三,数据库应用的实用化。在网络迅速发展的今天,我们从网络化的观点出发,考虑数据库要方便用户使用,为网上用户提供服务。用户在使用该数据库时,只需根据要求选定主题,再键入主题词或关键词,进行全文检索,即可检索到所需要的资料。第四,网络操作环境通用化。用户的操作环境是各异的,如硬件环境有小型机、工作站、微机等,操作平台有DOS、Windows、Unix等,因此必须保证检索系统对不同应用环境的适应性。所以,我们决定系统采用Client/Server方式,目前该数据库使用通用且流行的WWW浏览器为客户端界面,它适于多种操作环境。

邮电通信数据库分为六大主库,分别为General Information, Electrical Techniques, Introduction of Electronics, Circuits and Equipments, Automation Techniques and Computers, Communications。Internet网、CERNET网上用户可以通过查询图书馆主页获取书目和邮电通信文献专题数据库的相关信息,校园网用户可检索本馆多媒体光盘系统中的光盘数据库资源。

三、信息服务

（一）读者服务

1991年，图书馆接待读者467 717人次，外借书刊126 985册次。1992年，全年共接待读者83 392人次，借书95 443册次，还书101 154册次。1993年，全年共接待读者326 703人次，借书95 865册，还书99 282册。1994年，接待读者18万人次，全年外借图书14.3万册。1995年，图书馆围绕"严格管理、提高服务、加强规范、提高效益"的目标开展工作，在以计算机为主体的图书馆管理系统的基础上，进一步扩大开架范围，实现了借阅一体化，大大提高了文献资料的利用率。截至1995年12月，文献累计总量为681 292册，全年共接待读者60余万人次，借还图书38万余册。

自1996年起，我馆在检索大厅摆放了10台计算机用于书目检索、读者查询、图书预约、图书续借、信息发布等，为读者查询检索提供了方便，满足了读者需求。同时，图书馆建设了自己的网页，读者可以通过访问图书馆网页，使用书目信息检索、邮电通信专题文献数据库检索、光盘数据库和多媒体光盘检索、EI网上检索、Internet学习与演示等功能。我馆于1998年建成了52座位的电子多媒体阅览室，为读者提供了良好的光盘文献阅览条件，受到师生的青睐。

1997年1月，我馆与清华大学图书馆建立了共享光盘资源的馆际互借服务，次年又与清华大学、北京大学、北方交通大学（现北京交通大学）、北京师范大学建立了五所院校光盘、期刊等非返还型文献的馆际互借服务。馆际之间通过电子邮件的方式发出查询请求，若要求查询的是电子版文献，可通过邮件将数据发送到对方馆。1997年，馆际互借服务量为200余篇，1998年这一数据达到了300余篇。

（二）咨询服务

1992年开始，图书馆情报部配置了INSPEC光盘，这是与英国的《科学文摘》相对应的文摘索引数据库，是新一代的科技文献检索工具，其中摘引了4 200种期刊、1 000种会议、图书、报告和学位论文，能从主题、关键词、作者、题名、分类、语种、年代、出版国等十几个检索点中任意检索。光盘应用以来，情报部开展课题服务的速度和质量都有了显著提升，陆续提供了光互联、全息互联、码分多址、光纤放大器、农业通信系统、智能网、移动通信、卫星通信、多媒体终端、通信网管理、程控交换等不同主题的课题服务，完成课题服务累计超过100项。

（三）用户教育

截至1999年,我馆共有2名硕士研究生导师,培养出11名图书馆学与计算机技术交叉学科的硕士研究生,指导40余名计算机应用专业及图书馆自动化专业的本科生进行毕业设计。我馆通过图书馆主页、校布告栏等多种方式发布培训信息,围绕EI Village、IEL、ITU、INSPEC、Infobank、Uncover、OCLC New Firstsearch、ISTP等馆藏数据的检索技术、方法和技巧,以专题讲座方式对用户进行培训,大幅度提高了文献资源利用率,深受广大读者欢迎。

随着CERNET的开通,国内高校纷纷建起了自己的校园网。利用这一有利条件,我馆开始尝试改革文献检索课的教学形式,使学生对文检课更有兴趣,更好地掌握各种信息检索工具的使用方法,同时也弥补教材更新较慢的不足。

我馆的做法是:用HTML语言建立一个Web界面的"文检课教学系统",并将该系统挂在北京邮电大学图书馆的主页上,学生或其他读者可以通过校园网访问。通过该系统将主要的教学内容放到网上,学生可以随时上网查阅这些信息,而不局限于教师课堂上的讲解;教师课堂的讲解也可以简单化,只对各种检索工具的基本内容、编排方式、检索途径做简单的介绍,教学重点放在实习室,结合学生自己的课题进行实地检索以增加学生的感性认识和增强实际操作能力;通过上机操作,使学生更加熟悉有关的计算机操作及计算机检索技能。此外,我馆还在教学系统中建立了一个学生意见反馈信箱,如果学生在阅读该教学系统信息或在课后复习时有什么问题,可以随时点亮"网上答疑"按钮,教师随时解答出现的问题。如果学生提出的问题带有普遍性,教师可以将问题的答案放到网上的教学系统中,供所有学生参考;如果问题只针对某个学生,教师则可以直接将解答用E-mail寄给这个学生。针对用户在使用信息检索工具,或检索信息时经常出现的问题,我馆在教学系统中特别设置了一个FAQ(Frequently Asked Questions)文档,以解答经常出现的问题。为了使用户了解世界上著名的数据库检索系统,我馆在教学系统中还建立了世界著名数据库检索系统链接库,将这些信息公司的基本情况、所收录的信息范围、检索方法、收费情况等做一个简单的介绍,并用一个指针直接链接到这些信息公司的主页上,便于学生查询。该情报信息系统链接库的信息是动态的,随着各信息公司的发展而不断增加,使用户了解世界各地信息检索的发展情况。

（四）益友读书协会

北京邮电学院益友读书协会成立于1989年4月。20世纪90年代,围绕益友读书社,我馆开展了一系列读者活动,为日后的阅读推广服务建立了雏形。益友读书社的活动包括:举办益友讲坛、专题讲座,举办"中国国情知识竞赛""多读好书法展览""12.9朗诵大赛、有奖征文、新书会""人生与学习""大学生经商"座谈会，举办纪念毛泽东100周年诞辰征文、贾平凹散文研讨会，编辑出版《益友会刊》等，极大地丰富了我馆的读者活动。

四、技术创新

20世纪90年代，由于国内缺乏成熟的图书馆管理系统、国外图书馆信息管理系统昂贵等因素，北邮图书馆依托信息技术的优势，走自主研发的路线，不断地进行技术的研究和创新，建设的图书馆信息管理系统在国内取得了良好反响。北京邮电大学图书馆信息管理系统的建设主要经历了四个阶段：第一代图书馆自动化管理系统、第二代图书馆自动化管理系统、第三代图书馆自动化管理系统和第四代图书馆自动化管理系统，每一代管理系统特点如图3-1所示。

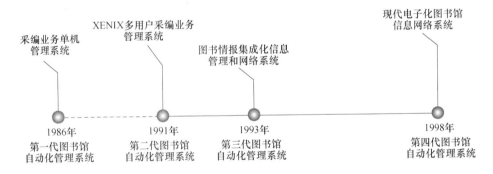

图3-1 北京邮电大学图书馆信息管理系统建设历程

我馆是一所具有良好图书馆自动化基础的图书馆，自20世纪80年代初以来就一直致力于开展图书馆自动化工作，曾用Foxpro开发出以Novell网为平台的图书馆自动化系统，并在本馆和其他馆应用。为更加广泛推进自动化系统的应用，1991年，我馆在1986年版的第一代图书馆管理系统——采编业务单机管理系统基础上，研制了第二代图书馆自动化管理系统——XENIX多用户采编业务管理系统，该系统以XENIX操作系统为平台，中心库书目数据格式为CNMARC格式，支持CNMARC数据的输入与输出。1991年11月2—7日，首届中国图书馆设备用品及现代化技术展评会在北京图书馆举办，我馆开发研制的"XENIX多用户采编业务管理系统"因其实用性、通用性、可靠性、功能性而荣获"现代化技术优秀成果奖"，其实用水平和技术水平受到同行专家的认可。该系统采用模块式结构，具有结构合理、简单易学、便于管理与维护等特点，其功能基本覆盖了采编业务的全部流程，实现了图书情报工作的自动化。长春邮电学院图书馆与天津理工大学图书馆购买了该系统软盘。

1991年以后,我馆通过对发达国家图书馆发展情况的考察,结合我国图书馆发展现状与特点,清楚地认识到实现图书馆自动化的深层应用与服务,必须走网络化发展的道路。时任馆长马自卫提出中国图书情报自动化、电子化和网络化在当前形势下发展的技术策略——采用微机网加光盘网的模式,我馆基于这样的思想开始了第三代自动化系统的研制。在技术人员与业务人员的密切合作下,经过全体研制人员两年的努力,我馆第三代"图书情报集成化信息管理和网络系统"于1993年研制完成,并在我馆各业务部门实现全面应用,系统突出了网络和集成性的整体构架思想,包括采访、编目、典藏、流通、期刊管理、书目检索等子系统。书目数据库和系统输入、输出接口均为MARC数据,整个局域网络分为光盘服务网络、面向校园网用户的文献查询服务网络、馆内文献信息服务和集成管理系统运行网络,各网段以互联的形式实现系统的集成,"图书情报集成化信息管理和网络系统"的成功研制将我馆的自动化应用带入了全面应用和面向网络化发展阶段。由于在自动化研制方面的突出表现,我馆自动化系统研制组于1993年被评为全国高校图书馆先进单位。该系统于1994年12月通过北京邮电大学科技成果鉴定,鉴定组专家委员对系统采用技术的先进性、标准化水平和系统的实用性均给予较高评价。

1995年后,随着中国教育科研网和我校校园网的建成,拓宽了图书馆自动化网络化发展和应用服务的领域,我馆对自动化系统的应用研究也由此转向广域网环境下的服务于应用,相继开始了Z39.50,ISO10160/ISO10161等广域网环境下信息检索和馆际互借等协议规范的基础研究。这为我馆进一步进行适应于Internet网络环境应用与服务的新一代图书馆自动化系统的研制打下了坚实的基础。与此同时,学校高度重视图书馆的自动化、网络化建设,曾经在1996—1998年连续三年将其作为校行政工作要点,将其视为学校公共服务体系建设的重要项目之一,加以大力扶持。1994—1998年期间,学校为图书馆自动化、网络化建设投入了大量的经费,共拨款392.2万元。高校图书馆在新的时代背景下面临着许多亟待解决的问题,迫切需要有技术先进、功能完善的图书馆系统出现。"现代电子化图书馆信息网络系统"正是在这样的时代背景下产生的。1996年,该项目作为国家"九五"重点科技攻关项目立项,项目计划在1998年年底之前完成一套具有国际先进水平的图书馆信息网络管理系统,为中国高等教育科研网CERNET和图书情报部门提供国内一流的电子信息服务。

1997年4月,我馆正式承担了国家教委"九五"国家重点科技攻关项目"计算机信息网络及其应用关键技术研究"的"现代图书馆系统"子专题的研制任务。开发组对国内外相关领域的研究内容、研究项目进行了调研与分析,对一些国内外著名的实用系统,如INNOPAC、SIRSI、HORIZON、中国香港的EOS、Silver Platter等系统进行了实际考察与分析借鉴。在充分利用北邮图书馆原有研究成果与开发环境的基础上,对整个系统的功能、技术方案、技术路线、所用的开发工具、采用的机型、数据库系统等进行了详尽的分析和论证。开发组共有高职专家5人,中职技术人员4人,开发组人员全部具有本科或本科以上学历。除此之外,先后还有若干名在读研究生参加系统编程工作。至1997年年底,开发组提前完成了采购、编目、典藏流通、期刊、公共检索及系统管理六个子系统的基本功能。1998年1月,系统接受并通过CERNET专家组中期检查。1998年3月,完成整个系统的开发工作。1998年4月,开始进行各子系统的测试和在北邮图书馆试运行的各项工作。1998年9月,项目通过了Cernet专家组验收。至此,我馆研制的第四代自动化系统"现代电子化图书馆信息网络系统"(Modern Electronic Library Information and Nets System,简称MELINETS)正式问世。系统采用面向对象的设计方法、规范化的设计思路和国际流行的先进的client/server两层和浏览器/应用服务器/数据库服务器三层网络体系结构。数据库平台选用sybase关系数据库管理系统,系统开发设计采用Java、PowerBuilder等开发工具,技术成熟先进。该系统具有良好的开放性和通用性,使用范围广泛,可应用于小型机、工作站、PC服务器和SUN Solaries、WIN NT等多种硬件与操作系统平台,可实现对Sybase、SQL Server、Oracle等多种关系数据库系统的访问。系统突出了广域网应用与服务功能的实现,建立了以ISO10160/ISO10161馆际互借协议、ANSI/NISO Z39.50网上信息检索协议标准为基础的联机编目、公共检索、馆际互借等功能系统,系统在MARC编辑及模板配置、书目的规范控制与链接、功能与控制的参数化管理等许多方面都达到了目前国际先进水平,某些应用已具有国际领先水平。1998年7月,我馆开始实行新旧系统并行,"现代电子化图书馆信息网络系统"逐渐替代了我馆第三代系统。1998年9月,我馆全部淘汰原Novell网环境下建立在Foxpro数据库平台下的旧系统,使用新系统。实践证明,新系统在新增功能的基础上,性能稳定,数据可靠。当时,该新系统是在书目数据约15万种,书目册数38万余条,有效读者9 000余人,过期读者记录6 000余条,日借还量约7 000册次,及大量的日检索量数据条件下运行的。

"现代电子化图书馆信息网络系统"一经推出即获得了业内专家的高度评价。该系统为图书馆的文献信息管理、信息服务以及业务流程的组织提供了一个科学的、现代化的模式和手段。北京市科委于1999年1月26日在北京邮电大学主持召开了该系统的技术鉴定会,鉴定委员会认为:"系统功能齐全,界面友好,系统包括采访、编目、流通、期刊、公共检索、编目中心、馆际互借等10个子系统,不仅满足了图书馆局域网环境下的需求,而且考虑了Internet网上的联机检索、联机编目、馆际互借等网上服务的要求,并为它们提供了良好的数据接口及联通性。在国内首先采用ISO10160/10161,ANSI/NISO Z39.50等国际通用协议标准,实现馆际互借、联机检索和联机编目,所采用的技术具有一定的创新,其研究成果达到国际先进水平。系统设计了中文规范编目与链接功能模块,建有标准的汉字主题和名称规范库,率先实现了汉字主题和名称规范控制的应用,体现了国情的特点,填补了国内自行开发系统在这一应用上的空白。"MELINETS系统因此获得了1999年度北京市科技进步二等奖,同年被北京市教委指定为北京市属高校图书馆软件产品。目前,MELINETS已经孵化成产品,国内用户已达300余家。

  MELINETS基本实现了图书馆的全业务覆盖,其主要功能模块的功能如下:①采访系统能满足图书馆采访工作需要,可实现对采访业务的全面自动化管理。系统有很好的前瞻性,主要体现在:系统设置的参数化,数据格式与处理表转化以及经费、书、发票的三者对应关系处理上。自从应用以来,未发现系统在数据存储、发送、接收时处理错误。②编目系统设计合理,数据处理流程与编目业务作业流程一致,系统操作方便,界面清晰,符合业务人员的作业习惯。系统的优势体现在:应用Z39.50协议的联机检索和联机编目、编目规范控制、多MARC数据格式自定义模板著录、数据输入和输出格式ISO2709格式、检索输出格式和打印输出格式符合ISBD标准。系统的数据自动处理能力得到增强。③流通典藏系统界面设计直观、科学、有特色,用户界面操作简单易用,界面提示内容清晰,功能齐全,覆盖了全部流通业务环节。系统有完备的日志备份和恢复功能,系统运行可靠性高。同时,流通系统的系统设置的参数化、系统数据接口标准化和Internet网上的馆际互借、均体现流通系统的灵活性、通用性和先进性。借还期限、违章处理、超期罚款、读者级别等均采用参数控制;流通典藏书目数据的输入采用复合ISO2709格式的MARC数据;可实现基于网络环境下的馆际互借。④公共检索系统是集成系统的重要组成部分,为适应不同图书馆的实际情况,公共检索部分以client/server方式、CGI方式和Z39.50方式三种技术方案实现了不同应用需求的检索服务,具有很强的适应性和灵活性。⑤期刊系统运行稳定、安全可靠。各模块功能复合期刊业务需求,流程合理,由于期刊管理涉及图书馆业务部门较多,该系统在网络上较好地衔接了各部门的业务。系统可处理编目、流通等业务,较好地解决了期刊编目和流通问题,具有较好的独立性。⑥文献检索系统设计合理。截至1998年年底,系统可提供5万条通信电子学专业文献的检索,为满足用户使用,提供24小时开放服务。⑦办公管理系统主要有人事管理和设备管理,人事管理系统主要是对正式员工和临时员工的工资档案、职称以及其他业务的管理,以便统一调配人员和掌握职工的基本情况,系统具备较好的人事报表统计功能和灵活的报表打印功能。设备管理系统主要是对我馆的设备资产情况和使用状况实行计算机化科学管理,主要分为固定资产和低值易损耗两大类进行分类管理。

  为适应国家教委"211工程"高教文献保障系统和北京地区文献资源共享服务

体系建设的发展需要,促使北京地区高校图书馆自动化工作条件得到进一步改善,提高北京地区高校图书馆自动化、网络化建设的整体水平,北京地区高校图工委于1998—1999年对北京地区高校图书馆的自动化与网络化开展了评估,我馆被选定为评估试点单位。1998年11月24日,来自清华大学、北京大学、中国人民大学等北京市数十所高校图书馆的专家、学者到我校图书馆,对我馆自动化、网络化建设、装备与服务情况进行了评估。时任林金桐校长、孙志鸿书记、张海英副校长、北京市教委高教处副处长徐宝力、中国人民大学图书馆馆长杨东梁出席了评估会。经北京高校图书馆自动化、网络化评估委员会的评估和讨论,认定北京邮电大学图书馆的自动化、网络化建设已经达到A级标准,评估结果合格。

五、学术成果

1996—1999年,我馆先后承担"211工程"、国家教委、邮电部和北京市的科研项目11项,其中7项分别获得北京市科技进步二等奖、全国科技信息系统优秀成果三等奖、邮电部科学技术进步三等奖等,出版及发表了《Internet实用技术》《图书馆情报自动化》《Internet高级应用技术》和《网络时代的电子资源检索与利用》等专著和论文,为图书馆工作的实践、电子图书馆发展等学术领域做出了突出贡献,受到业内专家的赞誉(如表3-2所示)。

表3-2 1996—1999年北京邮电大学图书馆获奖情况统计表

获奖项目	获奖人	时间	获奖名称	颁奖单位
现代电子化图书馆信息网络系统	马自卫 李高虎 等	1999.12	北京市科技进步二等奖	北京市人民政府
图书情报集成化信息管理和网络系统	马自卫 郑智学 等	1996.10	全国科技信息系统优秀成果三等奖	国防科委
图书情报自动化	马自卫 等	1997.8	邮电部科学技术进步三等奖	邮电部
图书情报集成化信息管理和网络系统	马自卫 等	1996.8	邮电部科学技术进步三等奖	邮电部
图书馆网络发展与校园网建设	马自卫 王晓玲	1996.12	中国八五科学技术成果	中国八五科学技术成果编审委员会
图书馆网络发展与校园网建设	马自卫 王晓玲	1997.6	1983—1995年优秀论文一等奖	大学图书馆学报编辑部
科技文检课教改及教学系统	王晓玲 高锦春	1998	北京市普通高校教学成果二等奖	北京市政府

续表

获奖项目	获奖人	时间	获奖名称	颁奖单位
全国科技信息先进工作者	马自卫	1996	国家科委、自然基金等	中国国家科学技术委员会
有突出贡献工作者	郑智学	1996	校级	北京邮电大学
学会先进工作者	马自卫	1997	中国图书馆学会	中国图书馆学会
北京市高等教育学会优秀工作者	郑智学	1998.10	北京市	北京市高等教育学会
北京高校青年教师优秀教学、科研成果展	李高虎	1999	北京市	北京市教育工会

（一）论文、著作成果

表3-3　1991—1999年北京邮电大学图书馆发表部分论文统计

编号	论文题目	刊名	作者姓名	出版信息
1	图书馆和信息系统的一种模式	《现代图书情报技术》	马自卫	1991(3)
2	以实用化为目标推进图书馆自动化建设	《图书馆学研究》	郑智学	1991(3)
3	发挥校园文化与图书馆教育职能的一种好形式	《图书馆理论与实践》	宗国荣 王卫宁	1991(3)
4	Microcomputers and CD-ROM: an optimum choice for library automation in China	The Electronic library	马自卫	1992(1)
5	改革文献课检索实习的做法与体会	《大学图书馆学报》	曾祥铭	1994(6)
6	从传统 Lan 进入现代 Internet 的技术实现	《大学图书馆学报》	马自卫	1996(3)
7	邮电高校文献资源共享的探索	《北京邮电大学学报（人文版）》	蔡祯	1996(10)
8	电子化网上教学初探——谈文检课教学方法的改革	《大学图书馆学报》	王晓玲	1996(6)
9	技术及其在信息服务领域中的应用	《北京邮电大学学报（人文版）》	朱榕年	1996(10)
10	文献编目工作的标准化、专业化与资源共享	《北京邮电大学人文科学学报》	李沙娜	1997(1)
11	国际互联网上图书馆藏书咨询的实现方法	《北京邮电大学人文科学学报》	李沙娜	1997.2

续表

编号	论文题目	刊名	作者姓名	出版信息
12	对《中图法》第三版"TN无线电电子学电信技术"类目增改细目的几点建议	《北京邮电大学人文科学学报》	李沙娜	1997.3
13	加强图书馆馆员的职业道德与文化修养	《北京邮电大学人文科学学报》	王春兰	1997.2
14	香港的高等学校图书馆及公共图书馆	《北京邮电大学人文科学学报》	朱榕年	1997.2
15	从CERNET 5.7字段的著录内容看其在文献检索中的作用	《北京邮电大学人文科学学报》	朱榕年	1997.3
16	CERNET资源建设——邮电通信专业数据库	《大学图书馆学报》	马自卫 高锦春	1997.1
17	菜单式邮件——PINE	《中国计算机用户》	季玉萍	1997.3
18	电子网上教学初探——谈文检课教学方法的改革	《大学图书馆学报》	王晓玲	1997.1
19	我国国家通信网为计算机用户提供了坚实的基础知识	《现代图书情报技术》	马自卫	1997.1
20	谈谈日本的"临场感图书馆"	《大学图书馆学报》	武国君	1998.1
21	浅析高校图书馆精神文明建设	《人文科学学报》	武国君	1998.1
22	加强学生阅览道德教育	《人文科学学报》	吴东娥	1998.2
23	科技项目查新标准化问题	《标准化报道》	吴旭	1998
24	中国林业专利统计分析	《林业图书情报工作》	吴旭	1998
25	中国图书馆自动化系统选型问题	《大学图书馆学报》	马自卫 王晓玲	1998.3
26	图书馆书目数据库建设的实践与思考	《人文科学学报》	王春兰	1998.1
27	浅谈西文会议文献编目中的规范工作	《北京高校图书馆学刊》	焦倩	1998.1
28	试述股份制制造改造与校办企业的改革	《教育仪器设备》	李少文	1998.1
29	质量体系中质量手册的编写	《教育仪器设备》	李少文	1998.3
30	质量体系中程序文件的编写	《教育仪器设备》	李少文	1998.4
31	E39.50协议的发展与在中国应用的思考	《现代图书情报技术》	王晓玲	1999.6
32	图书馆自动化、网络化资源的调查与研究	《大学图书情报学刊》	李维华 郑智学	1999.4
33	文检课思维教学论析	《情报科学》	吴旭	1999.17(7)
34	科技信息吸收量地域分布比较研究	《大学图书情报学刊》	吴旭	1999.4

续表

编号	论文题目	刊名	作者姓名	出版信息
35	高等院校科技论文生产力比较研究	《北京邮电大学学报（社会科学版）》	吴旭	1999
36	略论高校图书馆信息服务产业的发展	《贵州大学学报》	李少文	1999.4
37	北京邮电大学博士论文引文特点初步分析	《北京邮电大学学报》	吴东娥	1999.2
38	SMTP 和 POP3 在数据传输中的应用	《计算机与通信》	高锦春	1999.8
39	邮电高校图书馆系统	《中国图书馆年鉴》	李维华	1999
40	1SMTP 和 POP3 在数据传输中的应用	《计算机与通信》	高锦春	1999

表 3-4　1993—1998 年北京邮电大学图书馆出版著作统计

编号	著作名称	出版单位	作者姓名	出版时间
1	《文献信息利用通论》	原子能出版社	代根兴	1996
2	《文献检索课教学研究手册》	海洋出版社	代根兴	1996
3	《图书情报自动化》	北京邮电学院出版社	马自卫	1993
4	《INTERNET 实用技术》	人民邮电出版社	马自卫	1996
5	《科技文献检索与利用》	吉林人民出版社	吴旭　等	1998

（二）项目成果

表 3-5　1996—1999 年北京邮电大学图书馆主持承担项目统计

序号	项目名称	负责人	项目级别	完成时间
1	Internet 网络培训及实验演示系统	马自卫	国家教委	1996
2	CERNET 网上运行的通信数据库系统	马自卫	国家教委	1997
3	北京地区高校资源共享服务体系规划的研究	马自卫	北京市	1997
4	全国邮电教育信息资源共享服务体系规划的研究	马自卫	邮电部	1998—2000
5	邮电文献信息资源建设和服务体系的研究与实现	马自卫	211 工程	1998—2000
6	北京邮电大学邮电通信专业特色数据库	崔桂红	教育部	1998—2000
7	CALIS 学位论文数据库	吴旭、焦倩	教育部 CALIS 工程	1998—2000
8	现代图书馆系统	马自卫	教育部 CERNET	1998

续表

序号	项目名称	负责人	项目级别	完成时间
9	CALIS 会议论文数据库	吴旭、焦倩	教育部 CALIS 工程	1999—2000
10	CALIS 中文现刊目次库	吴旭、焦倩	教育部 CALIS 工程	1999—2000
11	中图公司图书文献业务处理系统	马自卫	中图进出口公司	1999

(三) 馆员培训

我馆自 20 世纪 90 年代起十分重视馆员的计算机基础素养,率先于 1992 年 5 月主办了"图书情报自动化培训班",马自卫馆长与计算机系赵辰教授担任主讲老师,并编写教材,共有 40 人参加了培训。学员们学习热情高涨,通过培训,学员们对计算机知识有了一定的了解,对各业务环节的模块与操作有了不同程度的掌握。此外,我馆围绕 DC 元数据、知识管理、数据库检索、图书馆新系统、图书分类法和名称规范等业务内容,以专题讲座的形式,对馆员进行业务培训,提高了他们的业务素质。

为了提高图书馆馆员的专业知识水平,了解通信电子学专业,更好地服务科研教学,我馆从 20 世纪 90 年代初开始陆续聘请邮电学院各系教授为馆员们授课讲学,讲座授课的老师包括机械系章继高教授、计算机系盛友招教授、科技系诸维明教授等。馆员们从中了解到数字通信学科的前沿和发展状况,包括信号处理和应用、光通信、电子设备结构,以及现代交换技术等方面的知识。

与此同时,图书馆积极选派业务骨干前往兄弟单位参加业务培训,如参加中国科技信息研究所、国家图书馆、清华大学、北京大学等单位举办的有关 OCLC 与知识管理、网络信息检索与科技查新、CALIS 编目系统及各种文献编目规则等业务培训活动、ORACL 培训、"教育法规数据库"培训等,由此带动了我馆业务工作向前发展。

六、交流合作

(一) 全国邮电高校图书情报工作委员会

全国邮电高校图书情报工作委员会成立于 1987 年。1991 年 11 月 8—11 日,在我馆召开了全国邮电高校图书馆馆长及相关人员研讨会。邮电部教育司听取了邮电高校图工委秘书处的工作汇报,并在会上对邮电高校图书馆的主要任务进行了细致的部署——图书馆首先应当成为反对和平演变的前哨阵地。在制定"八五"规划时,图书馆的重点应当放在如何发挥其教育职能和情报职能方面。此次会议,制定了《全国邮电高校图书情报事业"八五"规划要点》,并决定编写《邮电科技文献检索与利用》统一教材。

1992年1月9日,在我馆召开了邮电高校关于建立"中文科技期刊篇名数据库"座谈会。参会人员一致认同:应由邮电高校图工委组织,各馆分工协作,制定出统一标引,便于读者检索,便于邮电高校各馆的资源共享。会议决定《邮电高校中文现期期刊联合目录》由我馆期刊部负责出版。

1994年11月2—5日,在我馆召开了全国邮电高校图书情报工作研讨会。北京邮电大学、南京邮电学院、长春邮电学院、重庆邮电学院、西安邮电学院、石家庄邮政高等专科学校、邮电部管理干部学院和广东、山东、黑龙江、安徽、湖南、吉林六个省份邮电学校的图书馆长及相关人员参加了会议。北京邮电大学朱祥华校长、北京地区高校图工委赵侃、潘永祥副主任出席了会议。会议产生确立了第二届全国邮电高校情报工作委员会组成人员,我馆马自卫馆长担任主任与秘书长一职。

(二)北京地区高校图书馆自动化研究会

1991年9月27日,北京地区高校图书馆自动化研究会成立大会在我馆召开,47所高校图书馆馆长、代表和有关方面的领导、专家、学者共160余人出席会议。北京邮电学院副院长倪维祯、邮电部教育司学校处处长陈启祥出席了会议。大会通过了《北京高校图书馆自动化研究会章程》,选举产生13人组成的理事会。马自卫馆长被推选为理事长,同时秘书处也设在北京邮电学院图书馆。该研究会成立的主要目标是引领和推动图书馆自动化网络化的建设与发展。我馆积极组织并参与了研究会的各项学术交流活动和图书馆自动化基础性研究工作。1992年以来,我馆与自动化研究会各理事馆合作完成了《北京地区高校图书馆中西文编目机读格式一二三级著录标准》《北京地区高校图书馆文献资源共享服务体系方案》等标准的制定和课题研究工作,并陆续开展了CNMARC、USMARC等培训。

1996年,第二届北京地区高校图书馆自动化研究会起草完成《北京地区高校图书馆"九五"信息网络建设规划意见》。1997年暑期,自动化研究会组织理事分别对北京大学、清华大学、北京化工大学、中国农业大学、北京工业大学、北京联大应用文理学院、北科大等高校图书馆的自动化网络化状况进行了考察和研究。1997年9—11月,研究会成员共同协商并起草了《北京地区高校图书馆自动化网络化建设评估标准》,后经理事会通过,并上报北京市教委批准。1998年9月,北京市教委发给各高校红头文件,要求做好图书馆自动化网络化建设评估工作,达到推进全市图书馆自动化网络化进程的目的。至此,研究会之后的主要工作就是组织实施北京地区高校图书馆自动化网络化评估工作。评估达到了预期的效果,研究会的工作极有成效地推动了北京地区高校图书馆自动化网络化发展的进程。

(三) 培训交流

1995年,我馆承接了国家教委CERNET应用研究项目"网络培训及演示系统",在CERNET网试连运行很不稳定的情况下,利用暑期完成了新项目合同书规定的第一阶段的任务。为兄弟院校图书馆工作人员举办"BUPT系统"培训,参加培训的有安徽省邮电学校、山东省邮电学校、北邮福州分院、北京干部管理学院、黑龙江邮电学校等院校图书馆工作人员。我馆还积极承担了国家教委有关图书馆自动化培训和交流活动,并于1994—1996年举办了三期全国高校图书馆Internet培训班,为高校图书馆培养了一批Internet应用技术人才。

国际图书馆协会联合会第62届大会于1996年8月25—31日在北京召开。此次会议是首次在我国召开的全球性图书馆员大会,对推动我国图书馆事业的进步与发展具有重要的意义。时任总理李鹏专门向大会发表了贺词,国务委员罗干同志担任中国组委会主席。组委会确定了包括北京大学图书馆、清华大学图书馆、北京师范大学图书馆、北京农业大学图书馆、北京邮电大学图书馆等16个图书馆作为大会的专业参观单位。国外图书馆界的专家、教授,我国各省市公共图书馆和高校图书馆的馆长共计120余人在会议期间参观了我馆。我校对此高度重视,校长朱祥华亲自到馆欢迎来宾,并致欢迎词。马自卫馆长向代表们介绍了北邮图书馆近年来的发展情况,指出图书馆正在从传统走向现代化,正在以信息服务取代传统的仅能提供书本的服务。代表们兴致勃勃地参观了北邮图书馆,对我馆别具特色的公共检索系统和先进的电子信息服务表示出特别的赞赏。

1998年7月25—30日,为配合"211工程"中国高等教育文献保障系统建设项目的启动,我馆承接了全国高校图工委主办的国产图书馆信息管理集成系统展示会,共接待了全国256所高校300多名代表,30个厂商和图书馆自动化系统研制单位参加了展览,大会取得圆满成功,受到了参会代表和国家教委领导的好评。20世纪90年代后期,北邮图书馆主办会议,以及承接参观的情况如表3-6所示。

表3-6　1995—1999年北京邮电大学图书馆主办会议、承接参观统计

会议名称	主办时间	参会人数
"BUPT系统"培训	1995	30
全国邮电高校图书情报工作暨研讨会	1996	42
国家教委INTERNET证书培训班(第一期)	1996.5	40
第62届国际图联大会(会议指定参观接待单位)	1996.8	125

续 表

会议名称	主办时间	参会人数
国家教委INTERNET证书培训班(第二期)	1996.10	30
全国邮电高校图书情报工作暨研讨会	1997	48
国家教委INTERNET证书培训班(第三期)	1997	30
全国邮电高校图书情报工作暨研讨会	1998	36
国家教委"国产图书馆信息管理系统展示会暨高等学校图书馆信息管理系统研讨会"	1998.7	356
全国高校网上联机编目应用培训研讨班	1999.4	46
全国邮电、电子类高校图书情报2000年学术年会	1999.10	31

第四章 21世纪初的建设与改革

一、图书馆概况

我校图书馆原有馆舍面积1.4万平方米,2004年投入700多万元对馆舍进行了全面修缮和重新布局,修缮后的图书馆主库可容纳文献100万余册。图书馆紧紧围绕教学、科研工作,开展资源建设,更新技术设备,强化内部管理,提升服务水平,逐步形成了自己的特色。

截至2007年,总馆藏近344万册(件),其中纸质藏书146万余册、电子资源(折合)197万余册;先后购买了26个电子文献数据库,并自建了5个数据库;对外开放服务口共12个,已实现全面开架借阅。图书馆逐渐形成了以信息通信文献为主,工、管、文、理等多学科文献共存,纸质文献与电子文献相结合,实体馆藏与虚拟馆藏相结合,单馆保障与多馆互借相结合的文献信息资源体系,为学校教学科研工作提供了有力保障。

进入2000年以后,图书馆步入了改革创新的快速通道,提出了"立体三角"管理模式,提高了工作效率和业务水平。2007年,图书馆设立了7个部门,分别是办公室、信息资源建设部、流通部、阅览部、信息咨询部、信息网络部和数字图书馆建设部。在此期间,我馆上下一心,各部门通力协作,完成了"211工程"一期验收和二期立项工作;积极筹备数字图书馆建设并初见成效,正式开通联合数字参考咨询服务系统;加强了对外联系,积极参与并开展地区文献资源共建共享,牵头发起成立了北京市北三环——学院路地区高校图书馆联合体,极大地推动了北京地区高校图书馆的馆际互借与资源共享工作;鼓励学术研究,倡导理论联系实际;努力开创支部工作新局面,工会工作成果丰硕。

在2007年教育部本科教学工作水平评估中,图书馆以《普通高等学校本科教学工作水平评估方案》相关指标为指导,认真贯彻"以评促改,以评促建,以评促管,评建结合,重在建设"的20字方针,全面、反复检查核实图书馆的各项业务数据,查漏补缺,加强文献资源建设,完善不同层次、不同功能的服务体系,改善网络设施和借阅环境。通过一系列措施,提高了评建工作的有效性,最终以 A 级成绩,顺利通过教育部本科教学工作水平评估专家的评估考察。

我馆于 2002 年创办了《北邮图书馆》馆报,结合校园网、图书馆主页、馆内外宣传栏等全方位、立体地宣传图书馆,报道图书馆动态,扩大了我馆在学校的影响。我馆是教育部 CALIS 编目中心首批命名的中文联合编目 B+级成员馆(全国只有十所高校图书馆获此殊荣)、中国图书馆学会常务理事及副秘书长单位、北京高校图工委副主任单位、北京市高校文献保障系统(BALIS)馆际互借管理中心。2003 年,我馆被华北地区高校图书馆协会评为"先进图书馆",2006 年荣获全民阅读"先进单位奖"。同时,我馆在中国图书馆学会、教育部高等学校图书情报工作指导委员会、全国通信电子类高校图书情报工作委员会、北京科技情报学会高等院校科技情报专业委员会、北京地区高校图书馆工作委员会、北京高校图书馆学会、北京高校数字图书馆研究会等国内重要学术机构与团体中都有一席之地。

二、资源建设

(一) 纸电资源建设

图书馆馆藏资源丰富,信息通信特色鲜明。有印刷、音像、缩微、光盘、网络数据库等多种载体的文献资料。截至 2007 年,总馆藏近 344 万册(件),其中纸质藏书 146 万余册、电子资源(折合)197 万余册。生均馆藏为 148.81 册,生均纸质藏书 63.52 册、生均电子资源 85.29 册,生均年进书量 6.49 册,纸质藏书年增长近 15 万册(件),如表 4-1 和表 4-2 所示。

表 4-1 2004—2007 学年图书文献总量及生均情况表

学年	学生折合总数	纸质文献		电子文献		馆藏合计	
		总册数	生均册数	总册数	生均册数	总册数	生均册数
2004—2005	20 647.1	1 220 279	59.10	717 304	34.74	1 937 583	93.84
2005—2006	21 958.8	1 317 719	60.01	835 841	38.06	2 153 560	98.07
2006—2007	23 106.1	1 467 605	63.52	1 970 701	85.29	3 438 306	148.81

表 4-2　2004—2007 学年图书文献年购置情况及生均情况表

学年	学生折合总数	当年新增纸质文献		当年新增电子文献		当年新增合计	
		总册数	生均册数	总册数	生均册数	总册数	生均册数
2004—2005	20 647.1	64 781	3.14	134 091	6.49	198 872	9.63
2005—2006	21 958.8	97 440	4.44	118 537	5.40	215 977	9.84
2006—2007	23 106.1	149 886	6.49	1 134 860	49.12	1 284 746	55.60

我馆不断创新采访形式,现场采购图书的比例呈上升趋势。2003年采购图书比例为50%,2004年这一比例达到了70%,此举大大加快了文献上架的速度。受校拨文献购置费、"211工程"专项资料费,以及本科教学评估的带动,图书馆资源建设经费大幅上升。2007年,新进中外文图书106 715册,为历年来购书量之最。此外,捐赠越来越成为资源补充的有效手段。2006年,我馆接受电子工业出版社捐赠图书5 000余册;北京邮电大学出版社捐赠图书7 000多册;北京方正阿帕比公司捐赠电子图书2 000种,4 000册。此后,图书捐赠步入常态化。

图书馆重视电子文献的收藏。考虑购书经费与藏书空间的限制,我馆陆续加大了电子资源的采购力度,电子图书数量不断上升,确保了馆藏体系的完整。针对信息通信学科专业特点,先后购买了IEL、EI village、ISTP、PQDD、中国学术期刊全文数据库、书生电子图书数据库等26个电子文献数据库;对网上的中外文学术资源进行了收集、整理、链接,供读者使用;并与40余家图书情报机构实现馆际互借和资源共享。

2007年,图书馆根据学校要求,对馆内设备、家具、图书、报刊等进行了全面的统计清点。成立了资产清查工作领导小组,根据资产处和财务处的相关要求,对全馆数据材料反复核实,详细清点各类资产,历时一个多月,掌握了准确的数据。这是建馆以来最详细、最全面的一次资产清查。

(二) 特色资源建设

信息咨询部数字图书馆建设室负责我馆的自建数据库的建设工作。2001—2007年,我馆新建4个数据库,分别是"北邮记忆"数据库、北京邮电大学学位论文数据库、高等教育教学成果相关文献数据库和北京邮电大学教学参考书全文数据库;并续建了1个数据库,即邮电通信文献专题数据库。

"北邮记忆"数据库建于2005年,是收录我校教师学术信息及学术成果资源管理系统,目前包括北邮师生的学位论文、课件、北邮学报和北邮人著作等全文资源,收录数据1万余条,收录的专业包括通信与信息系统、信号与信息处理、密码学、计算机应用技术、计算机软件与理论、光学工程、模式识别与智能系统、物理电子学、电路与系统、微电子学与固体电子学、电磁场与微波技术、管理学与工程等，是体现我校邮电通信行业科研成果的特色文献馆藏。

北京邮电大学学位论文数据库收录我校自 1995 年所有专业硕博士研究生电子版学位论文，收录数据 12 764 条，全文共 9 000 余条。该库利用 TPI 学位论文提交系统作为建库软件，为我校读者提交、检索、利用本校学位论文提供方便。

高等教育教学成果相关文献数据库主要围绕高等教育研究领域，收录国内高等教育教学成果相关书刊文献，以及国外（主要是英国和美国）高等教育教学改革、教材建设等教学成果相关文献或文献线索。该库为文摘类数据库，其数据来源于我馆正式购买的电子资源，中文主要为 CNKI、维普、万方数据库，西文为 OCLC 数据库。

北京邮电大学教学参考书全文数据库与教学参考信息数据库相配套，是 CALIS "高校教学参考信息管理与服务系统"的重要组成部分。数据库根据各高校提供的课程信息，由北大方正电子有限公司负责加工制作，提供了便捷的在线检索、浏览功能；包括各种电子版参考书共计 60 000 多种，覆盖文、理、工、医、农、林等重点学科。

邮电通信文献专题数据库（邮电通信专题文献数据库）是我馆"十五"规划和"211 工程"重点建设的成果。共收录 20 多万条数据，其中 6 万多条全文数据，其余为文摘数据。资源类型有图书、期刊论文、会议论文、学位论文、专利、标准、科技报告、课件等。收录专业包括通信技术类（含通信网络、通信线路、移动通信、保密通信、数据图像、通信系统、微波通信、通信原理、空间通信）、无线电技术类（含电报电传、电视设备、电子技术、无线通信设备、电话设备、电子技术、雷达设备）、计算机类（计算机科学、自动化技术）等。

邮电通信专题文献数据库是我馆根据本馆的馆藏特色和本校"211 工程"重点学科的发展需要，集中搜集各类相关文献，面向 Internet/Intranet、CERNET 网络环境提供的可访问元数据关系数据库和全文对象数据库检索系统，是 CALIS "十五"期间全国高校专题特色数据库建设的子项目之一。其目的是在 CALIS "九五" "邮电通信文献数据库"建设基础上，基于技术体系结构先进、系统功能强大的信息资源建设、发布与检索系统，建立具有中国特色的、规范的、可持续发展的邮电通信专题文献数据库，实现 24 小时实时网络服务，使其成为我国邮电通信与信息相关领域中不可忽视的数据库服务资源。

三、制度建设

所谓"立体三角"管理模式就是"以信息资源建设和新技术、新设备的应用为基础,以用户服务为中心,以管理(特别是人的管理)为突破口,内凝外联,改革创新,整体推进,使大学图书馆的各项工作不断登上新的台阶[①]"。在"立体三角"模式的带动下,图书馆的管理工作有了很大的起色。

根据学校减员增效、全员聘任、竞争上岗的改革思路,图书馆在2000—2002年进行了两次比较大的调整。在机构设置上,原来的八个部门精简为四部一室,除办公室外,将采访部、编目部合并为信息资源建设部;将期刊、流通、阅览、复印等部门合并组建成读者服务部;另设咨询部与技术部。部门调整期间,还曾一度将咨询部与技术部合并为信息咨询部。在人事制度上,实行定岗定编、全员聘任、竞争上岗,使人员编制从原来的80多人精减至50多人。在分配制度上,本着淡化职称、重视能力、强调岗位的原则,分7级发放岗位工资,通过岗位设置和工资待遇的分级,调动了不同工作人员的积极性。

2007年,我馆再次进行了岗位聘任工作。根据按需设岗、平等竞争、择优聘任、严格考核、合约管理的原则,聘用方式和程序严格按照学校有关要求执行。此次聘任中,图书馆共设立7个部门,分别是办公室、信息资源建设部、流通部、阅览部、信息咨询部、信息网络部和数字图书馆建设部。在聘任部主任时,馆领导邀请了相关职能部门领导组成了聘任答辩委员会,对应聘者一一进行答辩考核,并召开全馆大会要求新聘的主任和副主任进行就职演说。在岗位工资改革的问题上,馆领导充分听取了员工的意见和建议,调整了岗位工资,缩小了岗级级差,增加了四级岗和三级岗的岗资,岗位工资分配对低岗级作了倾斜。我馆岗位工资改革体现了民意,使绝大部分员工受益,得到了员工的肯定。

数字图书馆建设部是此次聘任中组建的全新部门,它的职责是:第一,负责资源整合工作。根据学校教学、科学研究的需要,按照馆藏特色及地区或系统文献保障体系建设的分工,开展特色数字资源建设和网络虚拟资源建设,整合实体资源与虚拟资源,形成网上统一的馆藏体系。第二,负责教学参考书数据库、"北邮记忆"数据库、邮电通信特色数据库、高等教育教学成果数据库建设。第三,负责北邮机构知识库和信息科技学科知识库的规划和建设。第四,负责信息共享中心的规划、建设与管理。第五,负责数字图书馆系统与技术维护。第六,制订并组织实施全馆的数字化发展规划。数字图书馆建设部引领着我馆的特色资源建设不断取得新的成果。

四、多维信息服务

围绕教学科研工作,图书馆提供了二十余种不同层次、不同功能的文献信息服

---

① 代根兴."立体三角"大学图书馆管理模式的新思考[J].大学图书馆学报,2004(3).

务;提供了全天候的网上数字信息资源服务;开展新生入馆教育;举办各种展览,推荐名著阅读,实施素质教育;牵头组织北京高校图书馆联合体,开展馆际合作和资源共享;针对教学组织了许多大型系列服务活动,如"走进学院""信息资源宣传月"等系列活动;举办了"图书馆资源与服务"系列讲座,提高了师生利用信息资源的能力。图书馆还积极组织学生开展读书活动,因表现突出,2004—2006年连续三年受到中国图书馆学会的表彰,并荣获2006年度全民阅读"先进单位奖"。

(一)借阅服务

图书馆注重人性化、开放式服务,实行藏、检、借、阅、管一体化服务模式,大幅度延长开放时间。推行读者服务首问负责制。实行挂牌上岗、开展微笑服务;建立读者服务监督岗,设立意见箱,自觉接受读者监督。建立学科馆员制度;建立采访馆员前台值班制度等。加强基础服务,如设立指引牌;更换书包柜。大幅度延长开放时间,每天开馆16小时,不间断借阅14小时。缩短办证时间,新办证时间从原来的一个月变为立等可取。增加读者借阅权限,学生由5册增加至7册,教师从7册增加至10册。调整借阅期限;建立书刊附盘阅览室;在各阅览室增设检索用机;服务公开透明,双屏显示借还;建立考研书专架、绿色书架、北邮版图书专架等,尽量满足读者的需求。在先进服务理念的引领下,图书馆资源利用率明显提高,借还书总量和电子资源利用量屡创新高(如表4-3所示)。

表4-3 2004—2007学年图书馆使用效果一览表

项目	学年	使用情况	
		2004—2005学年	2005—2006学年	2006—2007学年
图书借还量(册)		511 626	885 620	1 125 237
期刊阅览人次		316 300	419 200	425 000
主页点击次人次		1 000 096	1 200 356	1 565 173
公共查询系统查询人次		241 940	357 700	395 652
电子资源	登录次数	100 908	302 764	414 164
	检索次数	1 902 540	1 025 972	1 339 378
	下载次数	962 516	1 146 929	1 505 502
	浏览次数	15 287	851 715	1 084 235

(二)咨询服务

进入2000年以后,我馆逐步加强了信息咨询的制度建设,先后制定了科技查新、馆际互借、课题服务等工作流程,明确了申请程序,制作了课题申请表,并细化了收费标准。我馆的查收查引服务在2005年前后迎来了明显的增长,在此之后,每年的查收查引量维持在了200人次以上(如图4-1所示)。由于没有设立科技查新站的原因,科技查新工作相对滞后(如图4-2所示)。

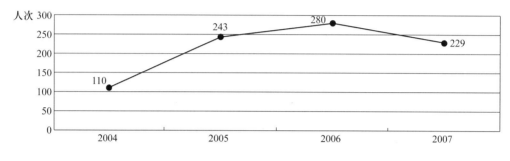

图4-1　2004—2007年查收查引统计

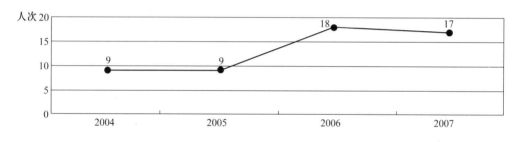

图4-2　2004—2007年科技查新统计

除了日常的面对面咨询、电话咨询、查收查引与科技查新服务外,我馆自2004年起推出了"虚拟咨询台"服务。利用网络工具,同读者进行在线的问题交互,实时地帮助读者解决查找信息时所遇到的各种问题,并将读者问题总结归类整理到"FAQ(常见问题)"数据库中,以方便下次遇到类似问题的读者能够及时找到解决问题的办法。"虚拟咨询台"服务是对常规咨询的良好补充,受到了师生的欢迎。

(三) 读者服务

进入21世纪,随着信息化、网络化逐渐在图书馆渗透,图书馆信息咨询服务的内容、方式和范围也在不断发展变化。为了使广大师生加深对图书馆服务的了解,图书馆变被动为主动,自2004年起,推出了"走进院系"系列活动。2004年4月29日,第一场讲座在图书馆报告厅拉开序幕,电信工程学院近200名学生参与了此次活动,了解了图书馆现有的电子资源、信息服务项目和图书馆馆藏检索基本知识和技巧。同年10月20日,图书馆又开展了第二场"走进院系"活动,第二场活动在自动化学院举行,此次活动获得了在场教职工的好评。

2005年,图书馆继续开展了"走进院系"系列活动,并且不断深化学科馆员服务制度。11月,与校团委联合推出了主题为"信息资源无限,你我共享精彩"的"信息资源宣传月"活动。此次活动共举行了八次讲座,由信息咨询部老师对各种中外文数据库的内容及检索利用技巧作详细介绍,内容包括图书馆资源与服务导览、"中国期刊网"和中文电子期刊的检索、OCLC FirstSearch 数据库、IEEE/IEE、ACM 和 WSN 全文库使用概述、EI 简介与科技论文的写作与发表、国内外学位论文的检索与获取、会议文献与标准文献检索等。活动期间,师生们表现出很高的参与热情,听众达 300 余人次。同年,图书馆充分利用修缮后的馆舍资源,先后举办了美国历史展、原版教材展、分校及本校新书展、专利文献展、"超越物质性"展、海啸捐助展、联合体资源与服务展等各种展览 10 余次,图书馆的读者服务形式向着创新型、多元化的方向不断迈进。

2006年,图书馆面向全校读者推出了12场"图书馆资源与服务"系列讲座,对图书馆的各种资源和服务以及各种中外文数据库的内容及检索技巧加以介绍。为使我校 2005 级近 3 000 名本科生尽快熟悉图书馆、充分利用图书馆的资源,我馆咨询部又分批、分时段为各学院的 2005 级本科生举办了 40 余场"图书馆资源与服务"讲座。本年度还分别举办了"阅读疗法"展览、"汉字——从甲骨文到电脑时代展"展览、"北京公园开放记"历史图片展、"北京历史文化系列"展、"奥林匹克文化系列"展、"夏季奥运会赛场英雄"历史图片展和"精品原版外文图书展",使图书馆的空间布置呈现出崭新的面貌,丰富了读者活动,活跃了阅读氛围。

2006年,图书馆新增了"开放存取"信息服务。开放存取是在网络环境下发展起来的一种新的重要学术交流模式,是国际学术界、出版界、图书情报界为打破商业出版者对学术信息的垄断和暴利经营,而采取的推动科研成果通过 Internet 免费或低价地自由利用的行动。我馆为此举办了"开放存取的理论与实践"的专题讲座,介绍了"开放存取"的概念、产生背景、资源类型、国内外发展状况、国内外比较有影响的开放存取网站、开放存取对图书馆的影响以及图书馆应采取的对策等。此举为我馆增加了大量免费的信息资源,给广大师生的科研和学习带来帮助。

2006年4月23日,秉承"加强合作走出去"的办馆理念,北京邮电大学图书馆在接到中国图书馆学会的邀请后,带领北邮"益友读书社"50名学生组成北邮方阵,参加了在国家图书馆文津广场举行的"图书馆:公众的权益和选择——来吧,到这里读书"大型活动。并于年底举办了"2006年北京国际科教电影电视展播暨北京邮电大学图书馆服务宣传周"活动,该活动得到广大师生的积极参与。鉴于在读者服务工作中的突出表现,我馆荣获了 2006 年度全民阅读"先进单位奖"。

在中国图书馆学会历年组织的"4.23"世界读书日纪念活动中,我校图书馆积极参与,并在校内组织系列活动,因表现突出,连续三年受到中国图书馆学会的表彰。2007年8月,我馆荣获了中国图书馆学会颁发的全民阅读"先进单位奖",在全国 50 万个图书馆中,只有 24 所图书馆获得此奖,其中高校馆仅有 4 所。

(四)"非典"中的读者服务工作

2003 年是全国人民难忘的一年,这一年在全国范围内爆发了史无前例的"非典"疫情。在疫情最为凶险的 5 月,我馆积极响应新闻出版总署等国家四部委共同发起的关于"五月份在全国广泛开展家庭读书活动"的倡议,策划并开展了"红五读书月"系列活动,全馆各部门积极配合,谱写了一曲"万众一心抗'非典',齐心协力谋发展"的奉献之歌。读者服务部和资源建设部联合推出"推荐书目";资源建设部在最短的时间内补配齐所需新书;读者服务部为主体利用周末加班加点为昌平分馆调拨约 3 000 册图书;信息咨询部更是承担了主要的工作,本次读书活动推出了 18 篇文献资源宣传报道。

正是有了馆领导的统筹规划,各部门的团结协作,工作人员同心同德、齐心协力,"红五读书月"活动得以顺利进行,成效显著。在此期间,图书馆的借阅量增加,仅以昌平分馆为例,5 月借还总量为 22 178 册,与上月相比,借书增加 3 790 册、还书增加 4 109 册;电子资源的点击率大幅上升,5 月份数据库的平均访问量较 2002 年同期增长了 126% 以上,同比上月增长 100%,下载数量较 2002 年同期增长了 150% 以上,同比上月增长 90%;到馆或电话咨询图书馆电子资源使用方法的师生明显增多,咨询室的电话一个接一个,参考馆员耐心解答每一个问题,争取让每一位读者感到满意。

轰轰烈烈的"红五读书月"活动得到了校领导的肯定,受到了学生们的欢迎,尤其是我校研究生,因为网络使用方便和课题研究需要,充分利用各种电子资源对他们犹如雪中送炭,图书馆这次活动给他们提供了极大的帮助。一位研究生在发给图书馆的邮件中写道:"'非典'期间学校很多单位都采取有利于师生的措施,从实用角度来看,我觉得咱们图书馆的'红五读书月'是很有成效的,尤其对研究生来说。我身边很多人原来对图书馆的电子资源不闻不问,可这次确确实实感受到了网络文献的好处,我所在的实验室就真的掀起一股利用图书馆各种书库的热潮。我代表大家感谢图书馆全体员工的努力!"

五、技术发展

学校图书馆有千兆光纤接入、百兆到桌面的高性能网络支撑环境,并开通了无线网服务。在"九五"自主研发"现代电子化图书馆信息网络系统"的基础上,"十五"期间采用先进的基于 J2EE 的跨平台三层系统架构,以 B/S 模式作为系统应用的主要访问和操作模式,建立了为用户提供资源和服务高度集成的、开放性的数字图书馆系统。截至 2007 年,图书馆拥有服务器 33 台、计算机 116 台、光纤存储 5TB、DAS 存储 1TB、交换机 7 台,网络信息点 730 个。优良的网络环境和先进的技术设备为学校的教学科研工作提供了服务保障。

2002—2005 年,我馆承担了北京邮电大学"十五""211 工程"子项目——通信与计算机学科数字图书馆的建设,时任馆长代根兴担任项目负责人。在此期间,设计并研发了包括"虚拟参考咨询服务系统"在内的数字图书馆集成系统,完成了自动化系统 Melinets 二版的升级,并引进了一整套数字图书馆硬件平台。图书馆利用数字图书馆实验基地,培养图书馆学与计算机交叉学科的研究生 26 名。此外,由于我馆是北京地区高校数字图书馆建设研究会理事长挂靠单位,在此期间组织了 5 场数字图书馆技术专题学术报告会,由北邮图书馆主讲报告 5 人次,听众达 600 人次。

数字图书馆集成系统实现了与 Melinets 在功能、服务和数据等方面的集成。该系统由 6 个子系统组成,分别为数字资源加工和服务系统、信息采集与信息服务系统、分布式统一资源检索系统、学位论文提交发布和服务系统、虚拟参考咨询服务系统和数字图书馆信息门户系统。数字资源加工和服务系统以电子资源标引、检索为核心,将书目资源、对象资源、网络资源等进行充分结合,通过全文检索技术、搜索引擎技术、XML 技术和 Java 技术等,实现数据和服务高度集成的系统。信息采集与信息服务系统根据 CALIS、国内外相关标准和技术规范的要求进行设计与实现,采用 Java、Jsp 和 Servlet 等先进技术,采取 B/S 结构,支持跨平台。该系统包括信息采集、权限控制、系统管理等功能。分布式统一资源检索系统能够为分布在本地和异地的各种异构资源提供统一的检索方式,为用户提供更方便、快捷、统一的资源检索服务。学位论文提交、发布和服务系统不仅为学生提供了论文提交的便捷服务平台,而且也为管理者提供了采集论文资源、提供论文服务的管理和服务平台。虚拟参考咨询服务系统可实现图书馆数字资源和智力资源的共享,并利用网络平台提供全面的参考咨询服务。本系统采用 B/S 的体系结构,具备操作简便等特点。数字图书馆信息门户系统是数字图书馆管理和服务的入口,它不仅集成了数字图书馆的各种资源服务功能,而且还实现了用户个性化服务的功能。信息门户系统提供了简单检索、高级检索、资源浏览、我的图书馆、信息交流、系统管理等主要功能,以及与自动化系统 MELINETS 高度集成的用户验证机制。

2005 年,图书馆完成了 MELINETS 的系统升级。升级后的系统采用统一管理的模式,提高了系统的可管理性和可维护性。系统增加了分馆和虚拟馆接入和处理的功能,为校园或地区的资源共享搭建了资源处理和服务平台。用户可自定义灵活美观的界面风格,进一步提高了业务处理的可配置性和灵活性,如由读者单位、读者类型、馆藏地点、书目类型四维参数决定的借还书策略等。升级后,整体系统服务功能均有提升。

"十五"期间,我馆设计并引进了一整套数字图书馆硬件平台。根据数字图书馆系统及存储对象的特点,采用应用服务器、数据库服务器、光纤存储、数据备份系统的三层架构,建立了一个高性能、高灵活性、高扩展性和高可靠性的数字图书馆硬件平台系统。其中,应用服务器即为 PC 服务器,分别运行数字图书馆信息门户、虚拟参考咨询、馆际互借、网络信息采集与导航、学位论文网络提交、统一资源检索、特色数据库管理等应用系统;数据库服务器即为支持上述应用系统的小型机,小机之间实现双机热备管理,最大限度保证前端应用系统实现 7×24 小时服务;光纤磁盘阵列采用 FC 与 SATA 盘混插方案,在满足存储需求的同时,尽量减少资金投入,适应业务和应用的发展。

2007 年,图书馆实现了 VPN 远程访问服务,完善了学科导航服务,实现了总馆与宏福分馆之间的互联互通。

六、空间建设

2004 年,我校投入 700 多万元对图书馆馆舍进行了全面修缮。2005 年,恰逢北京邮电大学 50 周年校庆,同时也是修缮后的新馆舍投入使用的第一年。这一年,按照国外先进的"三线典藏制"理论,结合图书馆大楼各层的承重,对修缮后的图书馆重新布局:一层为信息咨询室、中文图书借还处(合并了原来的二层科技图书借阅室和四层的社科图书借阅室);二层为工具书室检索、多媒体阅览室和样本阅览室;三层为中外文期刊报纸阅览室(中心书库借阅处移至二层)。调整布局后,使利用率最高的文献最接近读者,更加方便了用户的使用。此外,在最靠近读者的一层检索大厅设立咨询台,开展现场咨询和在线咨询,全年接待咨询 3 628 人次。图书馆装修后,外文书刊阅览室、过刊阅览室、多媒体阅览室、工具书检索室、中心书库等借阅室都不同程度地增加了开放时间。与修缮前相比,各借阅室每周增加开放时间共达 117 小时。

七、学术交流

(一) 业界影响

在全面考察分析上海、天津等具有鲜明特色的地区高校图书馆联盟建设模式,充分考虑北三环——学院路地区高校图书馆特有的地域、人文、规模和条件等特点后,2002 年 11 月由北京邮电大学图书馆牵头,本着"资源共享、优势互补、互惠互利、自愿参加、平等协作"的原则,联合北京交通大学、北京师范大学、中国人民大学等11家高校图书馆成立了北京市"北三环——学院路"地区高校图书馆联合体。此举引起有关媒体的关注,《北京日报》《京华时报》《中华读书报》《大学图书馆学报》等报刊先后对此进行了报道。

联合体自2002年成立以来,立足自身特点,开展了卓有成效的合作,使其影响力不断扩大,吸引了更多的图书馆参与。2003年,联合体合作范围扩大到了14所高校,服务范围涵盖了北京地区的20多万名师生,共享文献资源千万余册。2005年,成员馆数量发展至30家。截至2006年6月,成员馆已扩展至32家,联合体也更名为"北京高校图书馆联合体"。该联合体是北京地区率先利用联盟模式推广图书馆服务的一个典范,为日后"北京地区高校图书馆文献资源保障体系(BALIS)"馆际互借管理中心的建立打下了基础。

联合体成立以来,在资源共享理念的指引下开展了以下服务。第一,馆际互借服务。根据联合体的馆际互借协议,成员馆间互相提供10个免费借阅证,成员馆读者持馆际互借证即可到对方馆借阅图书,并享有对方馆读者的同等待遇。截至2005年年底,联合体的馆际互借量合计近9 000册,是各校读者受益最大的服务之一,也是联合体合作的核心业务。这弥补了个体图书馆馆藏不足问题,进一步提高了各馆文献资源保障水平,优化了各馆的服务能力,满足了不同层次读者的需求,也增强了读者的自我服务能力。第二,电子资源本地访问。联合体成员馆读者凭馆际互借证,可以到电子资源拥有馆的电子阅览室使用电子资源。这一服务的开展,拓宽了馆际互借的内涵,是传统馆际互借服务的有效延伸。它妥善地解决了读者对各类电子资源的需求,进一步弥补了各馆的馆藏,使馆际互借服务的效益发挥到最大,从更深、更广的层面加强了各馆的文献资源保障水平。第三,联合购买电子资源。在电子资源引进上多数图书馆通常参加CALIS组团的联合采购。对那些各馆有需求而CALIS没有组团的电子资源,联合体在成员馆充分交流沟通的基础上,利用联合体的规模购买力,通过与数据库商进行联合谈判、联合协议,于2003年以团体优惠价格组织了"e线图情"数据库和万方学位论文全文数据库的联合购买。这种方式,比单个馆更有能力获得优惠价格,有利于图书馆有效地使用经费。第四,智能成果共享和信息共知。联合体一方面经常组织各成员馆业务人员间的经验交流,通过学习、交流,增进互相了解;另一方面,组织各种活动,从不同层次、不同角度给各成员馆馆长的工作以支持,如举办"国外图书馆观感"报告会等。联合体在我馆建有自己的主页,经常在上面发布各成员馆的活动信息、服务举措等。这种多层次加强图书馆相关业务的培训和信息交流方式,使成员馆能够在及时了解它馆信息的基础上,取长补短,拓宽工作思路,促进本馆各项业务和合作的开展,实现智能成果的共享和信息的共知。第五,切合热点主题,组织大型活动。

2005年4月,为配合"4·26"知识产权日的宣传主题,联合体与教育部科技发展中心、高校图书馆分会、国家知识产权局知识产权出版社组织了"知识产权与高校"暨"2005专利百校行"活动。新华网、中国教育电视台、《科技日报》《中国教育报》《知识产权报》《新华书目报》等多家媒体对这次活动分别进行了报道。

为促进北京地区高校图书馆数字化建设与资源共享,推动数字图书馆建设,2003年9月26日,我馆作为北京地区高等学校图书馆学会下属的专业学术研究团体"北京地区高校数字图书馆研究会"的理事馆和秘书处,组织召开了"北京地区高校数字图书馆建设研究会理事会"。马自卫理事长向理事汇报了北京高校图书馆研究项目——《数字图书馆建设与应用培训的专题研究》的申报结果。

2002年11月10—14日,通信电子类高校图书情报年会在西安邮电学院召开。与会代表达成共识:全国邮电高校图工委与电子高校情报网合并为"全国信息通信行业高校图书情报工作委员会"。全国信息通信行业高校图书情报工作委员会共有13家成员馆,北京邮电大学图书馆为主任馆,秘书处设在北邮。成都电子科技大学、西安电子科技大学图书馆为副主任馆,其他院校为委员馆。会上通过了《全国通信电子类高校图书情报工作委员会章程(修订稿)》,明确了图工委的宗旨,即"贯彻'普通高等学校图书馆规程(修订)',团结全国通信电子类行业高校图书馆的同仁,本着自愿互利的原则,开展各项业务、学术活动,促进各馆工作开展,加强资源共建、共知、共享,充分发挥各馆的教育职能和情报职能"。此次会议建立了工作通讯制度,具体工作由秘书处负责承办。

北京科技情报学会高等院校科技情报专业委员会成立于2005年3月,该委员会选举北京林业大学图书馆为主任馆,北京大学图书馆和清华大学图书馆为副主任馆,委员会由13人组成,我馆代根兴馆长出任委员会副主任,吴旭副馆长为专业委员会委员。2005年9月27日下午,该委员会在我馆成功举办了"高校信息服务理论与实践学术研讨会"。本次活动对加强北京高校图书馆界在信息服务方面的交流,增进图书情报行业的协调与合作起了一定作用。

2005年7月,中国图书馆界最高学术团体——中国图书馆学会进行换届选举,时任馆长代根兴研究员当选为理事、常务理事兼副秘书长;在10月份举行的中国图书馆学会学术研究委员会及其各专业委员会的换届选举中,代根兴馆长又当选为第七届学术研究委员会委员兼"资源建设与共享"专业委员会副主任。进一步扩大了我馆在业界的影响力。

2006年6月29—30日,北京高校数字图书馆系统与环境建设研讨会顺利召开。该会由"北京地区高校数字图书馆建设研究会"主办、锐捷网络公司承办。全国高校图工委秘书长、数字图书馆研究与建设专业委员会主任、CALIS管理中心副主任朱强教授;中国图书馆学会副理事长、北京高校图工委副主任、中国图书馆学会高校图书馆分会副主任、北京高校图书馆学会理事长胡越教授；北京高校数字图书馆建设研究会理事长马自卫教授；北京高校图工委副主任代根兴研究员、锐捷网络公司总经理刘中东先生以及研究会理事、成员馆代表等100余人参加了会议。会上，马自卫教授基于北京邮电大学自主研发的数字图书馆系统，作了《J2EE环境下的数字图书馆集成系统》的专题报告。

2006年7月17日，我馆主办了"中美高校图书馆馆长座谈会"，会上邀请了美国圣路易斯大学图书馆助理馆长焦书勤女士作了《美国高校图书馆组织机构和当前中心议题——圣路易斯大学图书馆经验》的报告，与会馆长和老师对美国高校图书馆的组织机构有了清晰的了解，并从美国图书馆界当前关心的中心议题中受到启发，为今后更好地开展国内各馆的工作提供了借鉴和参考。

2007年9月28日，我馆与中国教育图书进出口公司联合举办了"开放获取资源检索平台"开通仪式暨"图书馆管理与服务报告会"。我校领导、北京高校图工委领导、中国教育图书进出口公司领导和北京50余所高校图书馆馆长和相关工作人员120余人参加了会议。开放获取资源是对现有资源的重要补充，开放获取平台的开通也是图书馆从资源中心向学习中心和研究中心转型的一个信号，对图书馆深化服务和优质服务大有裨益。

2007年，北京市教委和北京市高校图工委启动了"北京地区高校图书馆文献资源保障体系（BALIS）"项目（北京地区高等教育公共服务体系之一），代根兴馆长被任命为BALIS管理委员会副主任、BALIS管理中心副主任，参与了整个项目的筹建工作。BALIS共设四个分中心，我馆负责"北京地区高校图书馆馆际互借管理中心"的承建，代根兴馆长被任命为BALIS馆际互借管理中心主任。2007年12月12日，"BALIS馆际互借与原文传递培训会"暨"馆际互借管理中心成立仪式"在我馆召开。我校党委副书记牟文杰，教育部高教司教学条件处处长李晓明，北京高校图工委副主任兼秘书长、BALIS管理委员会常务副主任、中国人民大学校长助理兼图书馆馆长倪宁，中国图书馆学会副理事长、北京高校图工委副主任、BALIS管理中心主任、首都师范大学图书馆馆长胡越，北京高校图工委副主任、BALIS管理委员会副主任、北京师范大学图书馆馆长刘利，以及北京地区80多所高校的图书馆馆长、工作人员共140多人出席了会议。从此，北京地区100多所高校图书馆在我馆的组织下开始了基于网络系统的馆际互借服务，并持续至今。

据统计，我馆自2001至2007年共接待来访参观嘉宾总计600余人次。来访的国内单位包括石家庄54所、石家庄师范院、电子科技大学图书馆、西安电子科技大学图书馆、北京体育大学图书馆、中原工学院图书馆、北京交通大学图书馆、中央财经大学图书馆、中国传媒大学图书馆等；国外来访者有新加坡大学生代表团、马来西亚多媒体大学代表、阿尔及利亚通信技术部部长一行、法国工业与教育界研究协会(ARIEL)代表团、英国工程技术委员会代表团、日本国立电气通信大学代表团等。访问活动一方面提升了我馆在国内外的声誉,另一方面也开阔了我馆的视野。

(二) 科研创新

科研创新是图书馆服务工作的根基与原动力。我馆积极鼓励馆员联系实际工作,开展科研创新。2001—2007年期间,我馆共发表论文超过80篇,出版著作5部,主持科研项目5项。在中国图书馆学会第二届图书馆学情报学学术成果评奖活动中,时任馆长代根兴所著的《中国文献资源建设理论研究的回顾与展望》一文荣获论文一等奖,他与人合著的《网络环境与图书馆信息资源》一书获著作三等奖。在北京高校图工委首届科研基金项目评选中,代根兴馆长主持的"北京地区高校图书馆评估指标体系研究"荣获唯一的一等项目资助;吴旭副馆长主持的"数字图书馆建设与应用培训的专题研究"荣获二等项目资助(如表4-4、表4-5、表4-6所示)。

表4-4 2001—2007年图书馆主要论文成果

序号	论文题目	刊物名称	作者	出版时间
1	Web of Science Proceedings 数据库检索系统	《现代图书情报技术》	吴旭	2001年第六期
2	现代图书馆科学管理的探讨	《情报杂志》	张为杰	2001年刊(上)
3	电子版与印刷版信息在图书馆信息服务中的比较	《情报资料工作》	贾玉萍	2001年年刊
4	邮电通信文献通信数据库建设及检索系统	《现代图书情报技术》	吴旭等	2002.2
5	Web of Science 数据库检索系统	《情报科学》	吴旭 代根兴	2002.3
6	数字图书馆及其体系结构实现的研究	《现代图书情报技术》	马自卫	2002.2
7	Challenges Comfronts the Construction of Digital Library China	《EEI21》	马自卫 周婕	2002.10
8	寻求理论与实践的最佳结合	《大学图书馆学报》	代根兴	2003年第3期
9	书刊附带盘之管理	《大学图书馆学报》	代根兴 蔡祯	2003年第1期
10	高等教育教学成果相关文献数据库建设研究	《情报科学》	代根兴 吴旭	2003年第11期
11	网络环境下高校图书馆的采访手段及其优势	《图书馆建设》	林涛	2003年增刊

续 表

序号	论文题目	刊物名称	作者	出版时间
12	高校图书馆的网络环境以及网络采访手段	《情报杂志》	林涛	2003年年刊
13	"立体三角":大学图书馆管理模式的新思考	《大学图书馆学报》	代根兴	2004年第3期
14	用BitTorrent技术构造高校图书馆热点数字资源的思考	《情报科学》	代根兴	2004年第11期
15	数字资源元数据模板、标引与发布系统模块的研究与实现	《情报学报》	吴旭	2004第6期
16	The Research and Realization of the System Function Module for Software Resources Managing	*City Development and Library Services*	Wu Xu Ma Ziwei	2004.12
17	Analysis, Design and Realization of Metadata Managing System for Multimedia Resources	*Digital Libraries: International Collaboration and Cross-Fertilization*	Wu Xu Ma Ziwei	2004.12
18	电子信息资源数据格式及相关处理软件研究	《知识管理与图书馆》	吴旭	2004.9
19	网络环境下馆员信息素质教育的思考	《图书馆现代化服务》	荆林浩 李维华	2004年12月
20	一个图书馆管理者视野中的图书馆职业精神	《图书馆杂志》	代根兴	2005年第5期
21	"立体三角"管理模式及其在大学图书馆中的应用	《图书情报知识》	代根兴	2005年第6期
22	数字资源管理系统的研究、设计与实现	《现代图书情报技术》	吴旭	2005年第11期
23	重点学科网络资源导航系统技术体系结构研究	《大学图书情报学刊》	吴旭	2005年第2期
24	文检课网络教室的设计与实现	《电子科技》	吴旭	2005年第5期
25	基于Intranet/Internet的文献检索课教学改革与创新	《北京邮电大学学报(社科版)》	吴旭	2005年第4期
26	基于Linux的网站建设方案	《电子科技》	贺轩	2005年第8期
27	Posts and Telecommunications Subject Database Managing System Basing on DC and XM	*Universal Digital Libraries: Universal Access to Information*	Wu Xu	2005.1

续表

序号	论文题目	刊物名称	作者	出版时间
28	论大学生心理健康及素质教育问题	《中国当代教育思想文献》	陶淑琴	2006年8月
29	数字图书馆建设与信息服务	《北京邮电大学学报（社会科学版）》	张为杰	2006年4期
30	略谈现代图书馆信息资源建设的几个问题	《图书馆学研究》	张为杰	2006年年刊
31	浅谈信息时代编目员的综合素质及继续教育问题	《图书馆学研究（2006年年刊）》	张春玲	2006年年刊
32	自发的地区性高校图书馆联盟发展构想	《图书馆论坛》	周婕 崔海媛 蔡祯	2006年8月
33	高校图书馆的网络采访	《情报理论与实践》	林涛	2006年3月1日
34	图书馆电子资源后评估：内容与应用	《图书馆杂志》	周婕	2007年4期
35	北京高校图书馆联合体合作实践与发展研究	《图书情报工作》	周婕	2007年3期

表4-5　2000—2007年图书馆著作成果

编号	著作题目	出版单位	作者姓名	出版时间
1	《INTERNET高级应用技术》	北京邮电大学出版社	马自卫	2001
2	《信息社会学》	海洋出版社	代根兴	2001
3	《网络环境和图书馆信息资源》	郑州大学出版社	代根兴	2002
4	《网络环境下图书馆的发展》	天马图书有限公司	代根兴	2002
5	《INTERNET高级应用技术》	北京邮电大学出版社	马自卫	2002

表4-6　2001—2007年图书馆科研项目

编号	项目名称	项目来源	主持人	立项时间
1	数字图书馆技术研究	北邮研究院资助项目	代根兴	2001
2	高等教育教学成果相关文献数据库建设研究	教育部资助项目	代根兴	2002
3	北京高校图书馆评估指标体系研究	北京高校图工委资助项目	代根兴	2003
4	高等教育教学成果数据库二期建设	教育部资助项目	代根兴	2004
5	邮电通信特色数据库建设	CALIS中心资助项目	代根兴	2004

八、支部建设

2001年1月,图书馆成立了新一届的党支部,馆长兼任党支部书记,从根本上保证了党政的高度统一与协调一致,使得支部能直接参与馆里的各种重大决策,并能动员各方面力量完成馆里的中心工作。

(一)"非典"斗争与支部工作

面对"非典"这场突发的疾病灾害,在学校党委和行政的坚强领导下,图书馆党支部以高度的责任心和敏感性,从确保读者和职工的健康及安全考虑,及时采取积极有效的防护措施。一手抓"非典",一手抓工作。图书馆党支部在防治"非典"的工作中,认识到位、启动及时、决策果断、要求明确、措施得力、效果显著。

为切断校外传染源,2002年4月18日,图书馆及时发布了"关于图书馆馆际互借和读者培训系列讲座暂停的通知""谢绝校外读者来馆的通知"。同时要求图书馆门卫开始严格执行验证制度。4月24日,图书馆党支部召开全体党员与入党积极分子动员大会,强调在非常时期党员、干部起带头作用,站到抗击"非典"斗争的第一线,稳定职工情绪,严格遵守学校的规定和要求,保证各项措施落实到位,不留死角,打好"非典"这场硬仗。时任馆长代根兴指出:疫情当前,党中央把"非典"防治作为当前的头等政治工作,把人民生命安全放在了一切工作的首位,并采取了一系列有效措施保护人民的生命安全,表明我们党是代表人民根本利益的。我们学校以及我馆也采取许多措施来保障广大职工和广大读者的身体健康。但由于目前"非典"还没有完全控制,所以图书馆党支部要求全体党员和入党积极分子在这非常时期一定要充分认识"非典"防治工作的重要性,积极行动起来,充分发挥党员的先锋模范带头作用,严格要求自己,履行党员的光荣职责,率先垂范,冲锋在前,团结广大职工,坚守岗位,战斗在防治"非典"工作的第一线。

为确保读者和员工的安全、健康,我馆及时采取了积极有效的防护措施:成立了"图书馆'非典'防治工作领导小组";制定了加强"非典"防治工作的13条决议;召开了"防非"工作专题会议;出台了"图书馆关于近期'非典'防治和工作安排的意见""关于做好'非典'防治工作预案"等有关规定;建立了"非典"防治小组巡回检查和负责各部门消毒、排查、上报制度,发放消毒剂、药品、口罩、手套、消毒肥皂、喷壶、体温剂以及安装紫外线消毒灯等。在抗击"非典"期间,图书馆保证了"非典"防治和业务工作的顺利开展。代根兴馆长因此荣获"首都防治非典型肺炎先进个人"称号。

(二）保先教育

2000年，中共中央组织部进行了全国30万名党员思想状况调查，在调研中发现许多理想信念动摇、领导干部腐败、基层组织涣散等问题。针对上述问题，在2002年11月中国共产党第十六次全国代表大会的报告上，提出了在党内开展一次以学习实践"三个代表"重要思想为主要内容的保持共产党员先进性的建议。目的在于"提高党员素质、加强基层组织、服务人民群众、促进各项工作"。在我校党委和教务党委的领导和统一部署下，在广大职工群众的支持和监督下，图书馆党支部全体党员全身心地投入保持共产党员先进性教育活动中，从2005年8月31日开始，经过三个多月的扎实推进，较为圆满地完成了学习动员、分析评议和整改提高这三个阶段的各项工作任务，取得了良好的效果。图书馆党员的思想和精神面貌发生了可喜的变化，支部的战斗力进一步加强，教职工群众工作、生活中的一些实际困难得到了解决，为推动图书馆工作全面健康持续发展提供了有力的思想基础和组织保证。

为确保先进性教育活动有序开展、务求实效，支部在认真做好各项准备工作的基础上，积极参加学校党委和教务党委的培训，深入学习领会中央开展先进性集中教育活动的重要意义、指导思想、指导原则、目标要求和方法步骤，对先进性教育活动的工作流程、任务分工等进行反复学习和研究。同时，为加强组织领导，党支部成立了以支部书记为主要负责人的领导小组，为支部先进性教育活动的顺利开展提供了有力的指导。

图书馆党支部制订了详细周密的学习计划，使每名党员明确了学习内容和要求，增强了学习的时效性和针对性。为了营造浓厚的学习氛围，根据本单位工作特点，开展形式多样的活动，采取集中和个人自学相结合、专题学习讨论、看录像、上党课、谈心和专题生活会等多种形式，极大地丰富了先进性教育活动的内容，使图书馆整个学习教育活动进行得有声有色。我馆组织了多次集中学习和讨论，重点学习了《中国共产党章程》和胡锦涛同志新时期保持共产党员先进性专题讲话；聆听了校长林金桐同志题为《践行"三个代表"重要思想，推进北邮教学科研工作》的党课。

支部对照《党章》和中央提出的新时期保持共产党员先进性的基本要求，组织党员开展了大讨论，并结合图书馆的实际工作，开展"如何在本职岗位上体现共产党员先进性"的大讨论。为了查找存在的问题，图书馆党支部开展了形式多样的意见征求活动，召开不同层次座谈会，设置征求意见电子邮箱，发放征求意见表，开展形式多样的谈心活动，广泛征求党员和群众对党员、党支部和领导班子的意见和建议，以及对此次先进性教育活动的要求和期望。支部先后召开了党员和群众2个座谈会,在党内外内发放征求意见表共28份,个别征求意见28人次共131条,各种谈心170人次,其中处级以上干部谈心47人次。支部对征求到的意见非常重视,先后召开支委会、领导小组会议,认真进行分析研究,提出了整改措施。通过交心谈心,党员们之间坦诚相见,沟通思想,征求意见,提出问题,开展批评与自我批评,提出希望与建议,使每个党员的认识都有了提高。

在广泛谈心、征求意见和认真撰写党性分析材料的基础上,支部召开了专题组织生活会。生活会发扬了党内批评和自我批评的优良作风,采取"一人谈、众人帮、逐人进行"的方式,总结和分析了在征求意见阶段党员和群众反映的各种意见。每个党员都认真进行了自我剖析,总结查找自己存在的问题,从思想深处找根源,深入开展了批评与自我批评,提出了切实可行的整改措施。

在整改提高阶段,每个党员都针对自己在思想、工作、作风、纪律等方面存在的问题,以及群众提出的意见,结合个人党性分析材料和支部评议意见,对存在的问题作了深入反思,制定切实可行的整改措施。支部针对分析评议阶段对建设领导班子及班子成员征集的意见和建议,针对自身存在的主要问题和工作中的薄弱环节,制定了《图书馆党支部领导班子先进性教育整改实施方案》,提出具体的整改措施,狠抓落实,并明确了整改责任人和整改时限,对大家反映突出的问题已经具备整改条件的马上着手整改。同时,把整改方案和工作计划向全体教职工进行了通报,并征求大家的意见,进一步修改和完善。

通过此次先进性教育活动,全体党员普遍受到了一次较为深刻的马克思主义理论教育,对"三个代表"重要思想的时代背景、精神实质和科学内涵有了更深的理解和掌握,对新时期党员先进性的本质内容有了更清晰的认识,对先进性的具体要求也做了积极的探索,党员的思想认识有了明显的提高,政治意识、大局意识、责任意识有了明显增强,更加牢固地树立起全心全意为人民服务的根本宗旨意识。

(三)先进事迹

图书馆党支部在教务党委的正确领导下,以党的十六大精神为指导,紧紧围绕图书馆实际工作,开展各种特色活动,既发挥了支部的战斗堡垒作用和党员的先锋模范作用,又密切了党群关系,这不仅进一步促进了党支部的自身建设,还团结了群众,增强了图书馆工作人员的凝聚力。

2004年6月,由于图书馆电梯年代久远,已暂停使用,使我馆图书搬运出现困难,部分新书无法及时与读者见面。党支部组织全体党员和入党积极分子协助读者服务部各阅览室搬书。在搬书过程中大家积极踊跃,展现了党员关键时刻招之即来、来之能战的作风。

2004年10月,我馆大修后做了新布局,原放于中心书库数十年的十几万册复本图书移至四层做回溯,因无书架,只好直接层层码放在地面。10月25日,全校供暖系统试水,我馆四层暖气管开始漏水,藏于此处的该批图书面临浸水的危险。党支部立即决定周三下午组织全体职工搬运该批图书至安全处。26日下午,除极少数种种原因未来的人员外,全馆50余人准时来到四层,在满屋的积尘中处理地面、搬运图书。劳动中,馆领导、党员们带头苦干,大部分群众也毫不惜力。一个半小时后,我们终于完成了约6万册(已打捆)图书的搬运工作。劳动中,一些党员和积极分子称:"这正是考验我们的时候!"一些表现突出的党员和职工给大家留下了极好的印象。

2006年4月,为贯彻落实刘淇同志批示和北京市委有关文件精神,根据北京市委教育工作委员会《关于开展"共产党员献爱心"活动方案》的要求,我校开展"共产党员献爱心"活动。图书馆党支部全体党员积极响应党的号召,在短短的时间内18名党员共捐款640元。

九、工会工作

(一) 文体活动

在党支部的领导和馆行政的支持下,图书馆的工会工作有了较大起色。通过组织各种各样的文体活动,活跃了职工的文化生活。如我馆与北京交通大学图书馆、中央财经大学图书馆结为友好馆,每逢元旦,两馆,甚至三馆一起举办联欢活动,既交流了业务,又增进了友谊,深受三馆职工的喜爱。此外,我馆工会为活跃职工队伍,积极组织馆员创办文体兴趣小组,如成立合唱组、扇子舞组、交谊舞组和太极拳组,邀请有此特长的馆员担任指导老师。同时,积极参与学校及兄弟单位文体活动,如组织图书馆职工参加校三八节文艺汇演(获得二等奖)、校手工艺品展览(获得二等奖)、校软式排球比赛、校交谊舞比赛(两人获得第二名,一人获得第三名)、校乒乓球比赛(两人获得第四名)、三人篮球比赛和欢乐丰收越野比赛、北京高校图书馆桥牌比赛(获得优秀奖)、校计划生育答卷活动、校教学本科评估答卷活动、校运动会、趣味运动会和"健身走"等活动。此外,图书馆工会每年组织馆员进行两次春秋游活动,雾灵山、鹫峰国家森林公园、大觉寺、龙庆峡、凤凰岭等地都留下了馆员们参观游览的足迹。

2007年4月21日,根据北京地区高校图工委的安排,首都高校图书馆第七届田径运动会由我馆承办。来自清华大学、中国人民大学、北京师范大学等首都地区35所高校图书馆代表队1 500多人参加了此次盛会,800多名运动员参加了42个比赛项目的角逐。在学校领导及相关部门的大力支持下,在我馆同仁的精心组织下,本届运动会获得了圆满成功,受到上级领导和首都高校图书馆界的一致好评。

(二) 心系群众

图书馆工会坚持为即将退休的职工购买纪念品,看望生病住院的馆员,为困难员工申请生活补助、组织捐款,慰问亲属病故的职工。此外,每年元旦前夕,我馆都举办离退休职工茶话会,向老同志汇报图书馆所取得的进展以及我们对未来的构想,并在力所能及的范围内给老职工发放一些慰问品,把组织的温暖带给曾经为图书馆做出贡献的老同志。将我馆对馆员的关心落到实处,做到实处。同时,积极发扬"心连心、献爱心"的工作精神,多次向地震灾区、海啸灾区捐款捐物,并完成了"爱心捐款——救助我们身边的姐妹"工作。

第五章 信息时代中的发展与成果

一、图书馆概况

北京邮电大学图书馆总面积5.33万平方米(其中西土城馆1.55万平方米,沙河馆3.78万平方米),总座位数2 224个。图书馆现设有办公室、信息资源建设部、读者服务一部、读者服务二部、信息咨询部和情报分析服务部六个部门,馆员共计53人。经过60余年的建设与发展,北邮图书馆形成了以信息通信文献为特色,工、管、文、理等多学科文献共存,纸质文献与电子文献相结合、实体馆藏与虚拟馆藏相结合、单馆保障与多馆互借相结合的文献信息资源体系,为学校本科教学工作提供了有力保障。图书馆围绕着学校发展目标的总体要求与战略定位:"特色鲜明、优势突出,世界著名的高水平研究型大学",制定了"服务、资源、文化、智库"四位一体的全面、协调、可持续发展的办馆理念;明确了图书馆是学校的文献资源中心、研习支持中心、校园文化中心、情报分析中心的功能定位。我们的工作目标是:保障有力、服务优良、文化先进、师生满意,努力建设成为国际领先、国内一流的服务研究型大学图书馆。

截至2017年年底,我馆藏有印刷型文献积累总量194万册,电子图书223万册,电子期刊3.5万种,数据库总数158个,并自建了"邮电史资料库""邮电通信专题资料库"等16个数据库。

二、资源建设

(一) 纸电资源建设

近10年以来,图书馆文献资源经费总体呈上升趋势。2017年,借助沙河新馆建设修购专项的支持,图书馆当年资源建设经费总额首次突破了1500万元。截至2017年年底,我馆有印刷型文献积累总量194万册,电子图书223万册,电子期刊

3.5万种,购买数据库总数158个。在文献资源建设过程中,图书馆坚持以教学和科研为中心,构建具有专业特色的文献资源体系,尤其值得一提的是,我馆邮电通信与电子学的专业馆藏十分丰富,堪称全国第一。除了本馆已有的纸质资源外,我馆还是北京市高校文献保障系统(BALIS)馆际互借管理中心,承担着北京市80所高校图书馆的馆际互借运行管理工作。除利用本馆资源外,图书馆也通过馆际互借系统为本馆和他馆读者提供文献服务。

图书馆在保障纸质资源的同时,日益重视电子资源的建设,先后购买了中国学术期刊数据库、万方数据库、维普、超星、书生等中文数据库,以及 IEL、EI village、SCI、SSCI、Springerlink、Elsevier、Wiley、Ebsco 等外文数据库。近年来,为更好地满足我校创建"双一流"大学的文献需求,重点增加了支持科研的外文电子资源的订购,包括 PQDT 学位论文全文、SPIE、Incites、JCR、双语智读等,也增加了一些有助于素质教育的中文电子资源,包括 Metel 国外高校多媒体资源、软件通等。此外,我馆努力拓宽资源获取渠道,利用 BALIS 本地原文传递系统和 BALIS/CALIS 融合系统为读者提供原文传递服务,以此更充分地满足读者对文献的需求。

目前,我馆已形成以信息通信文献为主,工、管、文、理等多学科文献共存,纸质文献与电子文献相结合、实体馆藏与虚拟馆藏相结合、单馆保障与多馆互借相结合的文献信息资源体系,为学校教学科研工作提供了有力保障(近10年资源建设概况详见图5-1,图5-2,图5-3,图5-4,图5-5和图5-6所示)。

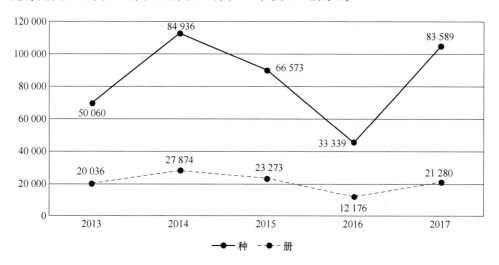

图 5-1　2013—2017 年年度新增到馆图书增幅

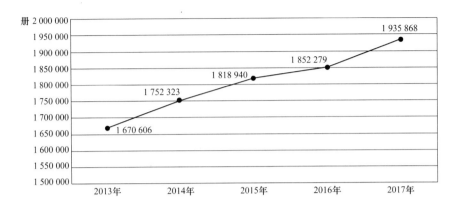

(注：包括中外文图书，但不包括期刊等资源)

图 5-2　2013—2017 年年度图书总量增幅

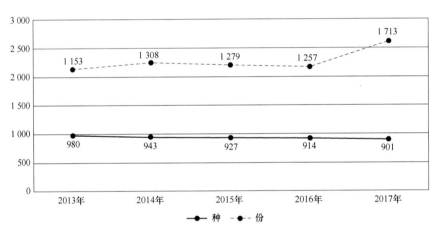

图 5-3　2013—2017 年年度中文期刊订购增幅

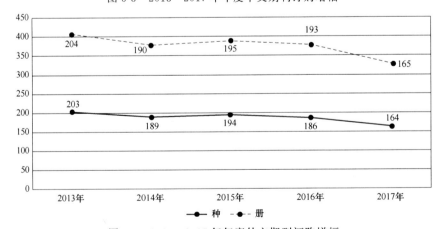

图 5-4　2013—2017 年年度外文期刊订购增幅

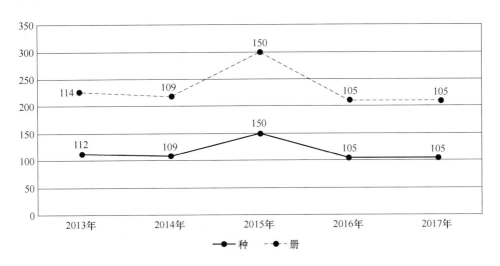

图 5-5　2013—2017 年年度中文报纸订购增幅

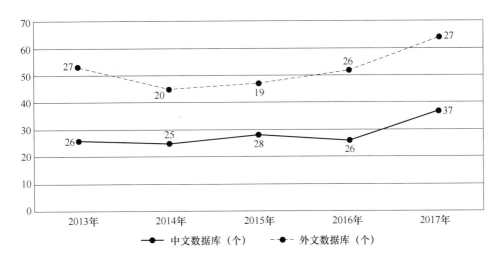

图 5-6　2013—2017 年电子资源订购情况

（二）特色资源建设

数字资源建设是数字图书馆的一项重要工程。它对于信息资源的数字化保存、组织及共享具有重要意义。自建特色数据库是数字资源建设的重要组成部分，2008 年以来，我馆新建特色数据库 11 个，分别是北邮专利文献库、北邮博导数据库、北京邮电大学参考书信息中心网站、北邮人著作文献库、北京邮电大学讲座资源库、北京邮电大学科研成果资源库、中国共产党党史首日封专题数据库、中国近代邮电史专题资源库、北京邮电大学 20 世纪初资料库、北邮图书馆图书馆记忆数据库和邮苑书风数据库。续建数据库5个,包括邮电通信专题文献数据库、"北邮记忆"数据库、北京邮电大学学位论文数据库、高等教育教学成果相关文献数据库和北京邮电大学教学参考书全文数据库。共计自建特色数据库16个。

北邮专利文献库收录了我校自建校至今申请的全部专利成果。收录的专业包括通信与信息系统、信号与信息处理、密码学、计算机应用技术、计算机软件与理论、光学工程、模式识别与智能系统、物理电子学、电路与系统、微电子学与固体电子学、电磁场与微波技术、管理学与工程。主要专利类型为发明专利及实用新型,以文摘为主,目前数据共计300余条。

北邮博导数据库收集了我校自建校以来的部分知名专家、学者和名师的主要著作、论文等,以文摘为主,目前数据为721条。

北京邮电大学参考书信息中心网站是我馆参与承建的"中国高等教育文献保障体系"(CALIS)项目之一。该网站于2007年正式开通,基本覆盖了我国高等教育文、理、工、医、农、林重点学科的教学参考信息,可提供课程信息的多途径浏览和检索,可在线浏览、检索国内各主要高校的教学参考信息。目前,该网站已包含我校2006—2010年各专业、各学科的课程信息,通过访问网站,我校师生可以对各校课程信息进行网上检索和浏览阅读,从而更方便地进行教学、科研和学习。

北邮人著作文献库收集了我校在不同时期教学、科研、学科建设的学术成果与作品,主要为1978年以来北邮教职工(含已离退休的教职工)及海内外校友以各种文字和不同形式在国内外出版或发表的学术专著、译著、教材、作品等,为学校教学、科研服务。目前,系统内数据1 000余条。

北京邮电大学讲座资源库收集了我校举办的各类精品学术讲座信息,包括讲座名称、时间、地点、主持人和主要内容等的题录库,为学校教学科研服务。

北京邮电大学科研成果资源库收集了我校科研信息,主要包括北邮教职工(含已离退休的教职工)课题及项目信息,为学校教学与科研服务。

中国共产党党史首日封专题数据库收集了我校教师珍藏的中国共产党党史首日封、纪念邮票等珍贵资源。资源类型以图片为主,共计223条数据。

中国近代邮电史专题资源库系统地、分门别类地搜集和整理近现代百年中国邮电史的相关材料和记载,内容包括与中国邮电史相关的历史文献的全文、提要、地方文献、后人研究论著等成果,相关文献的资料图片等,共计数据32 000余条,其中全文数据1 000余条。

20世纪初,北京邮电大学资料库系统地、分门别类地搜集和整理我馆收藏的20世纪10年代至50年代末教材及我校相关专业图书,内容包括电工技术、电子技术、通信技术、数学和经济等类,收集的全文著作超过500册。

北邮图书馆图书馆记忆数据库收集了北邮图书馆的党工活动、工作视野、工作规范、大事记、馆报、会议纪要、岁月流金和年度活动八大部分内容,目前数据464条。

邮苑书风数据库收录了我馆和中国书画家联谊会、高校书画创研基地、校书法协会等联合举办的历届北邮文化书法展上,书法、国画大师和爱好者、学生的书法和国画作品。目前为止,收录书画作品共125幅。

(三) 制度与经费保障

图书馆作为学校的文献资源中心,在文献资源建设方面,始终围绕学校"信息科技特色鲜明、优势突出,以工学门类为主体、工管文理协调发展的多科性、研究型大学"的办学定位,完善"用户驱动"模式下的资源建设和资源评价长效机制,构建支撑双一流学科发展的高水平的文献资源保障体系。学校每年以较为稳定的经费投入保障文献资源建设,虽然某些年度文献经费未能与学校招生规模的扩大、文献自身费用的上涨保持同步,但是图书馆以用户为中心、以学科建设为导向、以突出特色和协调发展为原则,积极调控文献资源建设和布局。在资源建设过程中,重视纸质资源与数字资源的统筹协调建设,为学校教学科研发展建立起了一个资源丰富、学科特色突出的文献资源保障体系,既保证了学校优势特色学科强劲发展所需,也快速补充了学校新建学科资源;既支持了管理与人文社会科学发展,也促进了学校精英人才、创新人才的培养建设(如表5-1所示)。

表5-1 北京邮电大学文献保障级别表

收藏级别	具体描述	目标
补充级收藏	收藏满足用户个性化需求的相关文献,需要以用户驱动为基础及时调整,灵活补充	用户驱动,灵活补充
基础级收藏	收藏用于介绍和认识某一学科、专题领域,扩大知识面的文献。选择收藏该学科、专题领域的重要作者的代表著作、基础教学、学科史概述、主要的综合性期刊,以及权威的参考工具。原则上不收录外文文献	大学生基本素养教育
学习级收藏	收藏满足学校本科生、研究生课程所需的较为系统的专业文献以及相关的学习参考性资料。该级别收藏应收集重要作者的全部著作及相关评论著作;须包括全部的中文核心期刊,并精选部分外文教材和学术期刊。该级别收藏要注重长期保存和利用	主要收藏
研究级收藏	收藏服务于学校有博士研究生培养计划或有独立研究项目的学科领域的文献。研究级收藏构成我馆的核心馆藏,是文献采选和保存的重点领域	重点保障
完整级收藏	收藏服务于学校重点学科领域的文献,应当尽可能进行全品种收藏,尤其注重国内稀缺的文献资源的收藏和保存,为成为全国信息通信文献领域文献资源保障重点奠定基础	基本保全

我馆自 2009 年起,着手实施"中、外文图书采购招标"和"中、外文期刊采购招标"。前后历经近十年探索,目前已经形成了一套完整、规范、合理、有效的资源采访体系。我馆首先构建了《北京邮电大学图书馆图书采访质量管理体系》,对馆藏发展的目标、原则、采访结构等做了明确规定。在此基础上,在具体工作中制定了《北京邮电大学图书馆纸质文献采访工作管理办法》《北京邮电大学图书馆电子资源采购管理办法》《北京邮电大学图书馆图书库位管理制度》等管理规范,对于资源的采购方式、流程和后期管理等做了明确规定。这些规章制度的建立,大大提高了图书馆在资源建设方面的规范化和体系化,做到事事有案可循,程序清晰明了。为了进一步优化资源配置,保障重点学科文献资源全覆盖,加强新建学科资源积累,除了不断完善资源采访制度外,图书馆还在 2012 年以专业核心课程为基础,研制了《学科专业——中图分类对照表》,结合各专业学生数量和馆藏现状,分析出馆藏薄弱环节,修改了馆藏政策和采购细则,对重点学科、新建学科,以及通识教育等方面进行了重点关注,在实际采购工作中提升人文学科文献的采购品质和数量,为保障学校的教学质量提供了较好的支持服务。

2016 年,根据学校对资产建设的要求,图书资源的采购完全实行以实物招标的方式,原有的资质招标被彻底取代。在对全新的采购模式不断摸索和实践的过程中,完善和丰富了图书实物招标采购的工作规范。招标工作不仅规范了采购行为,提升了书商的深加工服务,而且为图书馆节省了经费,优化了资源配置。例如,2009 年通过招标,中文图书优惠提高了 3%,外文图书优惠提高了 12%,甚至连从不降价的外文期刊也获得了大幅优惠。因此,图书馆当年在图书、期刊采购方面节约经费约 246 503.66 元(期刊节约约 158 260 元,图书节约 88 243.66 元);再如,2011 年通过招标采购,中文期刊订购了 1 170 份,比 2010 年增加了 24 份,而实际付款却比 2010 年刊少 1.26 万元,同比外文原版进口期刊节省经费 8 000 元。

(四) 图书捐赠

近年来,接受捐赠图书,尤其是外文图书日渐成了我馆补充馆藏的重要渠道。2008 年以来,我馆先后接受了"亚基金会"海外赠书中转站、中兴公司、上海贝尔公司、Springer 出版公司、上海大学,以及教师、毕业生个人的捐赠图书 4 万余册。

我馆在 2010 年世界读书日期间建立了"图书漂流岛",将同学们捐赠的部分不入藏的教材、教学参考书、考研复习资料,以及其他读物放在"漂流岛"的书架上,让需要的同学取走,读后再送回"漂流岛",让书在校园里"漂流"起来。截至 2017 年,"图书漂流岛"已经运行了 8 年多,成了图书馆的品牌活动,并且吸引了学生社团的加入,"环保北邮人社团"就是其中之一。8 年多时间里,新书不断上架,又不断地被需要的同学取走阅读,以此往复,"图书漂流岛"已经成为深受同学们欢迎的"名地"。为此,图书馆做了大量细致的工作,不仅设计了专门的图书漂流 logo,还设计了精美的宣传海报,设立了图书收集箱,并安排专人负责图书的收集、整理、上架和统计。这一活动,既为读者节省了费用,也更好地传播了知识。

三、多维信息服务

(一) 借阅服务

2008年,图书馆各对外服务部门全年共开放7 462小时,接待读者1 028 643人次;完成借还总量1 202 637册,其中借书672 576册,还书530 061册。2009年,图书馆增加了新书借阅室周六晚间的开放时间,各对外服务部门全年共开放9 013小时,接待读者783 324人次,较去年下降31%;完成借还总量933 957册,借书532 138册,还书量401 819册,较去年下降29%。2009年,图书馆接待读者的人次与借还书总量较2008年都有不同程度的下降,但样本书阅览室的使用率较前一年却有所提高,该室读者人次上升了57%(2008年为39 271人次,2009年为61 592人次)。其主要原因在于,样本书阅览室作为最完整、最系统保存图书馆文献资源的阅览室,其对于教学、科研具有极其重要的意义。2009年7月,样本书室的面积扩大为原来的2倍,在原有110组书架的基础上,又增加了143组书架,有效地提升了样本书室的利用空间。2010年,对外服务部门共接待读者1 151 361人次,完成借还总量963 588册,其中借书544 846册,还书418 742册。2011年,共接待读者1 154 543人次,借还书总量925 223册,其中借书524 717册,还书400 506册。如图5-7和图5-8所示。

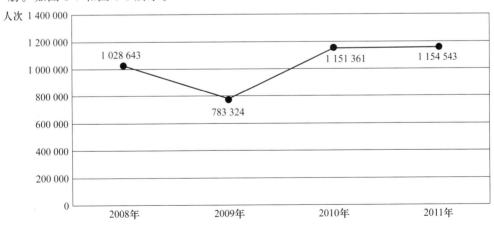

图 5-7　2008—2011年图书馆接待读者人次变化趋势

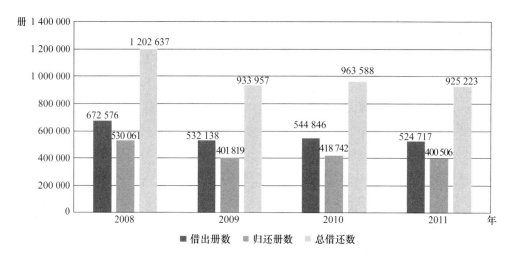

图 5-8　2008—2011 年图书馆借还书册数统计

2012 年 3 月,图书馆进行了部门调整。将原流通部、阅览部和宏福分馆合并重组为读者服务部。新的读者服务部下设新书借阅室、宏福借阅室、中心书库、样本书阅览室、中文报刊阅览室、外文书刊阅览室共 6 个对外服务窗口,共有馆员 26 人。这次部门调整旨在加强图书馆的借阅服务和读者管理等基础性工作,调整后的对外服务质量受到了读者们的普遍赞誉。

馆舍布局紧随部门调整也陆续展开。2012 年暑假期间,将原来分属不同楼层的社科新书借阅室和科技新书借阅室统一搬至二层,将原来位于二层的样本书阅览室搬至一层。同时,调整了四层样本库和中心书库的布局,解决了消防通道堵塞、书库架位紧张和新书借阅跨层管理等问题。本次调整过程中,调动图书总量达 24 318 册,同时完成了 4 万余册剔旧图书的下架和整架工作。调整后的馆舍布局,新书借阅室、图书借还处全部统一到二层,获得了读者的一致好评,而样本书阅览室在由二层移至一层后,阅览人数较之前增加了 40%。

2012 年以来,由于数字阅读等带来的冲击,图书馆的借阅量较往年出现大幅下滑,而阅览人数却逐年攀升(如图 5-9,图 5-10,表 5-2 所示),可见读者对于馆舍空间的需求持续上升,读者空间与馆藏空间的矛盾越来越突出。2016 年,为了解决图书馆空间紧张问题,将位于图书馆东楼二层的两个教室改为自习室,加上原有的自习座位,为各院考研学生提供了 1 056 个自习座位,使我校近一半考研学生都能在图书馆获得自习座位,提高了读者的满意度。

第五章　信息时代中的发展与成果

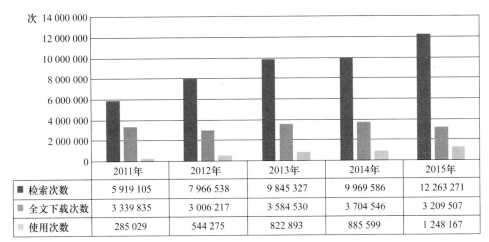

图 5-9　2011—2015 年电子资源的使用情况及其变化

表 5-2　2013—2017 年读者服务部图书流通量增幅

年度	借出/册	增幅(%)	预约率(%)	预约成功率(%)	网上续借率(%)
2013	375 291	−16	2.73	29.25	33
2014	360 225	−4.0	4.0	45.8	33.5
2015	289 232	−19.7	1.5	44.0	28.2
2016	236 827	−18.1	3.0	39.3	34.3
2017	168 742	−28.7	2.0	35.4	30.8

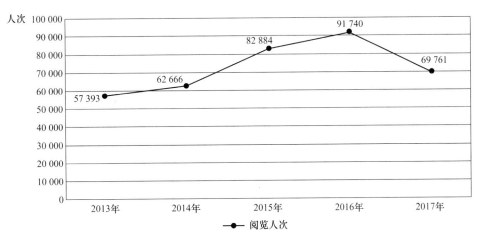

图 5-10　2013—2017 年读者服务部阅览人次增幅

69

(二) 馆际互借

2007年11月,在北京市教委和图工委的领导下,面向所有在京高校图书馆的"北京地区高等教育文献资源保障体系(BALIS)"正式开始运作。BALIS馆际互借中心设在北京邮电大学图书馆,中心建设目的是:在北京地区高校图工委的统一领导下,采用集中式门户平台和分布式服务相结合方式,充分利用北京高校丰富的馆藏资源和便捷的网络环境,为北京地区高校读者提供馆际互借服务。十二年来,BALIS充分利用北京高校丰富的馆藏资源和便捷的网络环境,为北京地区高校读者提供馆际互借服务。BALIS馆际互借提高了资源共享程度,比以前单纯利用提供图书馆借书证的方法更具灵活性和高效性。

BALIS馆际互借服务在资源建设方面充分整合和利用了北京市80家高校图书馆以及2家公共图书馆的资源和能力,发挥整体优势,为我国图书馆联盟的运行提供了良好的范本。为加强北京地区图书馆、文献信息机构之间的协作,充分利用文献资源满足北京地区高校读者的文献信息需求,实现本地区文献资源共享,中心于2010年5月与国家图书馆(国图)签订了馆际互借合作协议:自2010年5月31日起,国图馆藏中近三年以前、二十年以内的外文基藏库图书均可向BALIS馆际互借各成员馆提供外借。国图已有文献资源3 100多万种,半数以上是外文资源,而且每年都还在不断增加、丰富馆藏文献数量。自国图服务开通以来,接收请求数共计33 114册,请求已满足数21 186册,满足率65.54%。借出册数共计21 186册,国图补贴共计16 988元。2011年5月,馆际互借中心又与上海图书馆(上图)签订了馆际互借合作协议。自2011年5月25日起,上海图书馆馆藏中1949年以来的外文参考外借类资料(其中包括阅览室图书)均可向BALIS馆际互借各成员馆提供外借。目前,上海图书馆可提供馆际借阅的参考外借类图书有1 000多万册,其中外文图书,包含英、法、俄、德、日文等多语种,共计160多万册。自上图服务开通以来,接收请求数共计3 854册,请求已满足数2 893册,满足率81.58%。借出册数共计2 893册,上图补贴共计72 868元。2015年,BALIS馆际互借中心又与CALIS管理中心正式签署了服务与系统融合协议,进一步降低了服务成本,拓宽了文献获取渠道。

BALIS馆际互借中心与国图、上图,以及CALIS的合作,有效推动了北京地区馆际互借服务的发展,馆际互借服务启动多年以来,各项数据快速增长,服务质量稳步提高(如表5-3,图5-11,图5-12所示)。

表 5-3 馆际互借服务数据统计表

统计项\年	2008	2009	2010	2011	2012	2013	2014	2015	2016	2017	总计
系统注册人数/人	839	5 121	9 348	10 908	12 108	10 052	10 262	11 194	7 717	9 269	77 549
提交请求数量/条	628	3 979	6 742	15 564	22 606	22 369	23 305	24 841	18 504	22 949	138 538
文献满足数量/条	297	2 221	3 859	8 049	14 809	16 250	17 281	16 092	11 683	15 242	101 494
满足率(%)	47.3%	57.9%	57.2%	60.5%	71%	73%	63.38%	64.79%	63.84%	67.20%	62.10%
发展成员馆数/家	55	63	69	73	77	77	78	80	80	80	80
物流费用/元	4 643	26 000	58 300	111 763	151 105	167 844	193 550	229 920	164 552.8	168 011	1 275 688.8

图 5-11 BALIS 馆际互外文图书外借统计图

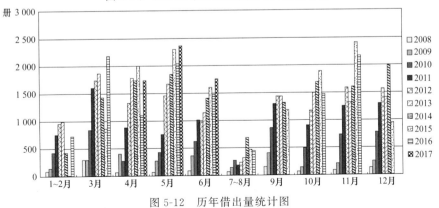

图 5-12 历年借出量统计图

这些数据的增长与BALIS馆际互借中心开展的系列活动密不可分。BALIS馆际互借服务系统内开户数87家,正式签约馆增至78家。读者注册人数达77 549人,提交请求138 538条。共计借出图书101 494册,满足率为62.10%。借出图书最多馆为国家图书馆、上海图书馆、清华大学图书馆、中国人民大学图书馆、中国政法大学图书馆、北京大学图书馆和北京航空航天大学图书馆。提交请求最多馆为北京交通大学,其次是中国人民大学,再次是北京师范大学和中国社会科学院研究生院。

BALIS馆际互借中心的工作对于北京地区高校文献资源保障的整体发展有着深远的历史意义。十二年来,资源共享降低了文献资源建设成本,提高了文献资源建设质量;区域性文献共享提高了读者对文献资源的利用率;同时,通过馆际互借服务合作极大地推动了组织机构的合作。馆际互借促进各馆展示了各自馆藏,了解了各自馆藏优势与劣势,促进了各馆的文献资源建设,对促成资源联合采购、特色数据库共建以及资源建设标准统一都产生了重要的影响。

(三) 咨询服务

基础咨询工作是一切咨询服务工作的基础。我馆自2008年以来,共完成各类基础咨询6万余次。我馆一直推行咨询"首问负责制"的原则,坚持第一时间回答读者的问题,做到调动尽量少的资源解决尽可能多的问题,绝不将问题推脱、搁置。基础咨询服务也从最初的现场轮班制逐步发展为电话、网站FAQ、论坛、邮件、QQ、微博和微信等多渠道的服务模式,争取全方位地满足读者的日常咨询需求。

为了适应学校不断提升的教学科研要求,图书馆陆续推出了一些具有特色的咨询服务。2009年起,推出了投稿指南服务。应师生在高水平刊物上发表学术论文的需求,我馆于当年整合编辑了SCI数据库中与我校相关专业期刊的一览表等,并给出了相关专业SCI收录的中国期刊的编辑部的投稿链接地址,对我校相关专业的近1 000种期刊的收录情况、近两年的影响因子、期刊的出版信息以及ISSN号等期刊信息进行搜集和查证工作。2010年,又编辑了我校相关专业EI收录中国期刊表(包括港台),并列出了相应期刊的投稿链接地址;另外,整合编辑了社科院核心期刊一览表和《中文核心期刊》各版核心期刊索引表,从而进一步提升了我馆基于主页的投稿指南服务。在此之后,每年都会根据情况,对投稿指南加以补充。

此外,针对我校以工科为主、专利申请多的特点,图书馆从2011年起推出了专利信息服务工作。分别邀请了中科专利商标代理有限责任公司和北京三友知识产权代理有限公司的资深专利代理人来我馆介绍专利申请的相关知识和操作流程,使馆员了解了专利服务的相关内容和资源,明确了馆员在学校科研成果专利申请服务过程中所起的作用,即知识产权专员、专利工程师或专利馆员的角色。为馆员们拓宽信息服务领域作了初步尝试。专利信息服务的工作处于不断地探索和完善过程中。目前,我馆主要提供专利申请和立项前的预检索服务,并于2016年和2017年分别完成了当年的《北京邮电大学专利分析报告》。报告以北京邮电大学国内相关专利成果为研究对象,对本校专利现状进行了全面分析。

查收查引与科技查新是图书馆咨询服务的重要组成部分。图书馆为全校师生、院系、实验室在职称评审、项目申请、工作考核、导师遴选、学位申请、奖金评选、基金申请、报奖、学科评估、学位点申报、重点实验室申报、评估和验收等环节中提供了及时、高效的咨询服务,这其中查收查引(确定论文被索引收录与引用的情况)与科技查新(经过文献检索与分析)功不可没。

十二年来,查收查引量保持着稳定的增长。随着我馆订购和试用数据库的增多,以及我校学术评估要求的不断提高,检索不仅局限于简单的传统科学引文索引(SCI)、工程索引(EI)和科技会议录索引(ISTP)数据库,而且在此基础上,增加了对专业数据库的检索要求和对于文献的引用分析。与此同时,对于引用的定义范畴也越来越细化。随着学校学科建设的多元化布局,用户的检索需求也越来越多元化,这就要求馆员深入了解每一位用户的需求,熟悉更多的数据库检索技巧。2008—2017年查收查引报告统计如图5-13所示。

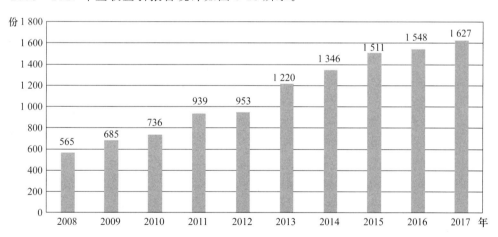

图5-13　2008—2017年查收查引报告统计

科技查新服务受政策影响比较大,2017年因教育部博士点基金取消,相应博士点基金申请的科技查新数量也大幅减少。除了日常的查新工作外,为了更好地为读者提供信息服务,我馆从2015年开始为博士开题提供查新服务,从现实需求着手,解决了部分学生开题前的困惑。

2008年,我馆完成科技查新课题6个,比2007年减少11个(主要因为当年博士点基金申请的时间太短);2009年完成科技查新服务12个;2010年完成科技查新服务35个,其中国内外查新(在国内外文献调研的基础上对查新课题的创新性进行分析)25个,国内查新(在国内文献调研的基础上对查新课题的创新性进行分析)10个,比上一年增加了23个;2011年完成科技查新服务46个,其中国内外查新36个,国内查新10个,比上一年增加了11个;2012年完成科技查新70个,其中国内外查新49个,国内查新21个,比2011年增长52%;2013年科技查新58个,其中国内外查新40个,国内查新18个;2014年完成科技查新31个;2015年完成科技查新35个,较上一年度增加了4个;2016年共完成48个校内外科技查新课题,较上一年度增加了13个,增长了37.1%;2017年科技查新服务的数量大幅降低,共完成14个校内外科技查新报告,比2016年减少了71%(如图5-14所示)。

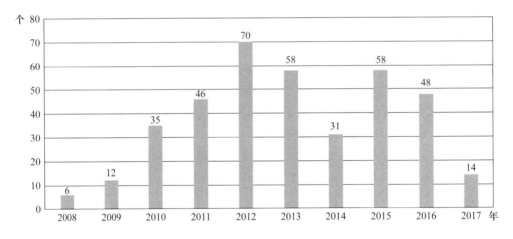

图 5-14 2008—2017 年科技查新数量统计

(四) 学科服务

院系既是学科服务的对象,也是学科服务的阵地。因此,有针对性地做好院系服务是持续深入推进学科服务的基础。2008年,图书馆选择理学院作为学科服务的试点单位,学科馆员深入理学院,介绍学术资源与学科服务模式,尤其根据我馆馆藏特点结合理学院的实际需求详细介绍了基于"高校图书馆联合体"、BALIS等馆际联盟的馆际互借与原文传递服务。理学院的各位老师对学科服务表现出了浓厚的兴趣,反响热烈。2009年,学科服务的对象扩展至理学院与人文学院,2010年扩展到了国际学院。为了让国际学院的学生能够更好地了解和利用图书馆的资源,我馆为国际学院的学生分别举办了"走进图书馆,快乐读书行——图书馆资源与服务概览"和"毕设·考研·就业——大四生与图书馆"两场专题讲座,近200名学生参加了讲座。

2011年是学科服务的"发力年"。随着高层次人才的引进,我馆加强了学科馆员队伍建设,馆领导召集相关人员专门召开了"如何做好嵌入式学科化服务"工作座谈会,征求意见,交流经验,积极动员,为开展形式多样的学科化服务打下了良好的基础。学科馆员们结合自身学科背景,有针对性地主动为师生提供全方位、深层次的学科咨询服务,并积极开展"走进院系"活动。学科馆员们随后走进了计算机学院、理学院、电子工程学院和人文学院等,了解了各学院在学科设置、教学、研究等方面的情况和资源需求,介绍了图书馆的各种资源和服务。同时,还走进经管学院、理学院等举办专题讲座。一系列主动服务举措为强化今后图书馆对各学院的学科化信息服务奠定了基础,在学科化服务方面形成了较好影响。

2012年,为了实现"提升服务竞争力,走可持续发展路"的工作目标,图书馆转变服务观念,深化服务内涵,更加积极主动地开展文献资源服务。学科馆员们创新学科化服务,提升服务质量、丰富服务内容,主动地、有针对性地为师生提供形式多样的深层次的学科化信息服务。时任馆长严潮斌、副馆长吴旭两次召集学科馆员召开学科化服务工作座谈会,重申学科服务的重要性,要求馆员转变观念,积极了解用户需求,更好地开展以用户为导向的深层次信息服务。学科馆员随后深入理学院、经济管理学院、人文学院、计算机学院科学与智能交通技术研究中心、电子工程学院信息产业部部级重点实验室、PCN&CAD研究中心、计算机学院通信软件工程中心、电子工程学院机关党支部和信息与通信工程学院研-13党支部等各学院,有针对性地为院系老师和研究生开展数据库介绍、资源检索与文献调研知识、原文传递功能介绍等培训10余场,得到了院系师生的一致好评。2013年,我馆邀请文理学科各个学院本科一年级和二年级学生参加文献需求座谈会,进一步了解了各学院的服务需求,并针对各自特点筹备下一步学科服务工作。

2014年,学科馆员联系数据库商开展了形式多样的活动。同年2月,学科馆员利用法学专业老师相聚的机会,邀请北大法宝、北大法意和法源数字图书馆三家数据库商走进人文学院,开展法学专业数据库推介和购买需求调查活动。学科馆员针对人文学院大二英语教研室老师的需求,联合新东方集团开展了"新东方四六级及考研英语模拟试卷"答题活动。并随后在本科三年级开展了一次模拟考试活动,考试结束后邀请新东方张岚老师对2015考研英语模考试卷进行了详细讲解,在场学生认真聆听、记录,收获良多。图书馆不仅鼓励学科馆员走进院系,而且积极邀请一线教师分享交流经验。6月30日,咨询室的馆员邀请信息安全中心郭春博士作了题为《一个用户眼中的Web of science》的交流,分享了他利用web of science平台进行选题的经历。9月17日,学科馆员走进人文学院外语系开展了题为《英语教学与科研学术信息资源检索与利用》的讲座。9月26日,走进计算机学院通信信息网络与服务工程中心开展了题为《计算机学科学术信息资源检索与利用》的讲座。12月9日,走进网络技术研究院网络基础服务中心实验室,为现场师生作了题为《计算机学科学术信息资源检索与利用》的讲座。

为了进一步推进学科化服务工作,满足我校师生的信息需求,学科馆员走进院系,为院系师生开设专题讲座,结合学科专业为师生们在论文开题、职称评定方面提供精准学科服务。2016年,图书馆学科馆员走进民族教育学院、经济管理学院和计算机学院,为用户提供深层次信息服务,深化了图书馆的学科化服务内容,提升了服务水平。

2017年7月,学科馆员走进了计算机学院信息通信网络与服务工程中心,为该中心20多名研究生作了《开题与立项前的文献调研》讲座,介绍了文献调研的过程和文献检索的方法与技巧,并结合计算机学院学科特色,介绍了计算机学科电子资源的获取与利用,以及如何进行文献分析和文献管理软件的使用。2017年11月,学科馆员走进数字媒体与设计艺术学院信息产品创新设计工作室,有针对性地为该团队师生介绍了图书馆的相关资源和服务,结合团队未来发展介绍了与之相关的期刊评价体系和评价指标,结合图书馆在该领域的资源保障情况,重点介绍了获取图书馆外部资源的方式。

(五) 学科分析

学科分析是以学科为对象,借助对目标学科的数据来源,对文献信息进行收集统计和计量分析。近年来,我馆的学科分析工作对我校的学科发展情况进行了全面的分析,对我校向"双一流"高校迈进具有指导意义。应学校领导及职能部门的要求,我馆自2013年开始便陆续向各单位提供定题的分析报告,为全面开展个性化、深层次的学科分析打基础、做准备。2013年1月和3月,为时任校长方滨兴提供了《加强互联网网络身份管理》和《eID采用标准和技术》的分析报告,分别从国内外发展规划、现状、未来趋势、采用技术手段和技术标准等各方面对网络身份管理和eID技术进行了全面分析;2013年9月,为时任校长温向明提供了《大学与大学生活》综述报告,报告从大学定义、类型、现代大学生活、大学特性、大学生学习态度和学习方法等方面对大学和大学生活进行综合分析;同年11月,为《北京邮电大学学报》编辑部检索《北京邮电大学学报(社会科学版)》,2004—2013年间,1 000多篇文章被《新华文摘》《中国社会科学文摘》《高校文科学术文摘》和人大报刊复印资料转载,为学报成为CSSCI扩展版期刊提供强有力的支撑材料;同年12月,为我校科学发展研究院提供《科普教育传播方式与社会效应》的分析报告,并在认真研读时任校长方滨兴的学科发展战略报告和第三轮学科评估指标体系指标的基础上,于当年年底完成了《北京邮电大学学科分析报告》。2014年,我馆继续开展学科分析的探索,在当年7月派遣5名馆员参加了国家科学图书馆的学科分析会议,馆员们的业务水平得到提升。

2015年是我馆学科分析工作全面开展的一年。我馆借助ESI和WOS平台,对我校的ESI排名情况、高影响力论文等数据进行了综合与比较分析,并以此为基础,对具有发展潜力的材料学发展状况进行了深入的剖析。

2016年,我馆发布了6期《北京邮电大学ESI学科排名动态快报》,并完成了《北京邮电大学ESI学科排名分析报告》《国际知名大学排名系统比较研究与结果分析——以北京邮电大学为例》的研究报告,为我校职能部门提供了我校在国际知名大学排名系统中的排名位置。

2017年,图书馆发布了6期《北京邮电大学ESI学科排名动态快报》,并完成了《基于Incites和WOS的计算机学科的学科发展分析报告》《北京邮电大学信息与通信工程和计算机科学与技术学科学术表现分析报告——基于InCites平台》等多个深层次学科分析报告;确定了我馆基于ESI和Incites的学科分析工作框架,撰写了《学科分析工作及其需求》。

图书馆通过学科分析来跟踪我校学科发展情况、预测学科发展趋势,为我校的学科发展规划和发展决策提供咨询和支持服务。

四、用户教育

(一)信息素养教育

近十二年来,图书馆不断探索经验,通过多种方式向读者推介资源与服务,加强学生的信息素养教育,帮助教师提升文献信息检索与分析的能力,取得了很好的效果。

我馆自2008年春季学期开始承担全校公共选修课《科技文献检索》的课程建设及教学任务,培养学生科技文献检索的基本技能,并逐渐加入了科学哲学原理和科技文章写作的课程内容,以及LATEX论文排版软件、EndNote文献管理软件、Word、PPT和Excel等Office软件的培训,使学生掌握了文献管理的方法与思路,对学生未来的科研与工作大有裨益。在此基础上,图书馆于2011年增开了面向全校本科生的《竞争情报技术》公共选修课。该课程侧重在检索的基础之上对文献信息与情报进行深层次的发掘与分析,获取用户需要的内容,受到了学生的欢迎与好评。

开展系统性的培训与讲座是图书馆加强用户教育的主要方式之一。2008年以来,图书馆陆续创建并举办了"图书馆资源与服务"系列讲座,内容涉及图书馆资源概况介绍、各种类型数据库使用培训和获取其他文献机构的途径等;"资源·获取·利用"系列讲座,内容包括多个中外文数据库的使用技巧,英语学习、音乐欣赏、就业信息等;针对新生的"图书馆资源与服务导览"培训,主要介绍图书馆的资源类型、资源分布、资源的获取方式与途径,以及利用各种资源过程中可能会出现的问题等;针对高年级学生的"毕设·深造·就业"讲座;针对研究生的"学术技能大讲堂"讲座;针对青年教师的"图书馆能帮您什么忙"讲座,从日常教学、项目申请、科学研究、项目结题、职称评审和奖项申请六大方面介绍了图书馆的服务。此外,还包括"开题立项前的文献调研和文献管理"(2012)和"SCI数据库在科研中的价值与应用"(2012)、"e资源便利得"培训(2013)等、"数字资源大晒单"活动(2014)、"邮你答""邮你搜"竞答搜索大赛(2014)、联手口语伙伴数据库商举办"一年一度读书月,我们一起嘚吧嘚"在线口语比赛(2014)等活动。

(二) 阅读推广

北京邮电大学图书馆以"文献资源中心、研习支持中心、情报分析中心、校园文化中心"为定位,将"阅读推广"引领"校园文化",持续有效地组织和推动全民阅读工作。由于在阅读推广活动中的突出表现,我馆于2006年和2007年连续两年被中国图书馆学会评为"全民阅读先进单位"。在此之后,我馆秉持传统、开拓创新,以"北邮读书节"和"北邮悦读书院"为平台,基本实现了阅读推广的"服务化转型",形成阅读推广的常态化和机制化。

1. 世界读书日与"北邮读书节"

2010年以来,每年的"4·23世界读书日"前后,图书馆会联合校团委、宣传部、各院系和学生社团,一起举办"北邮读书节"。每年读书节都有明确的活动主题,分经典推荐、资源推广、阅读互动、播撒书香等五个版块组织形式多样、内容丰富的活动,读书节还设有启动仪式和闭幕式,打造阅读推广的"校园名片"。

2010年"北邮读书节"期间,我馆举办了有奖征文活动,组织专家进行评审,并将评审结果在"北邮读书节"总结及颁奖大会上予以公布。此外,我馆还建立了"图书漂流岛",开始了校园图书漂流活动。我馆积极发动益友读书协会等社团,营造读书氛围,开展了系列读书活动。在中国图书馆学会2010年年会上,我馆因在全民阅读活动中富有创意、深入持久、表现突出,被中国图书馆学会命名为"全民阅读示范基地"。全国共十家图书馆获此称号,而我馆作为唯一一家高校图书馆获得了此项荣誉。

2011年,"北邮读书节"系列活动取得了预期的效果。据不完全统计,直接参与读书节期间各项活动的学生和读者超过1 957人次,分别占我校读者总人数的6.95%,占本科在校学生数的17.08%。"北邮读书节"历时两个多月,发送各项活动宣传单7 800余张。活动包括11项内容:漂流岛图书漂流、"好书入馆"图书推介活动、阅读寄语征集、文明用语征集评选、"资源与服务导览"读者培训、图书馆寻宝活动、"读书给人智慧"徽标设计大赛、"读书使人勇敢"征文活动、"读书让人温暖"读书沙龙、"读者之星"先进集体及个人评选活动和阅读讲座。

2012年"北邮读书节"期间,我馆举办了中外文书展、书法展、读书沙龙、书刊校园漂流、资源利用培训讲座、读书报告评选大赛、借阅量优秀集体和个人、名家讲座等共计12项活动。读书节之后,我馆还联合书画协会和益友读书协会等学生社团,以及高校书画创研基地等校内机构,积极组织开展了多次阅读推广活动,包括高校书画基地精品佳作巡回展、"翰墨十八大 丹青校园心"北邮书画展、经典图书阅读、主题阅读推荐和文化沙龙等,有效发挥了读者的主体性和参与性,受到参与读者的广泛好评,也进一步拓展了阅读推广服务的思路。其中,两次书法、书画展分别展出了中国书画家联谊会高校书画创研基地书画家们的大量字画,以及我校离退休教师、"书画协会"社团学生们的作品,吸引了我校大批师生前来观看展览,充分发挥了我馆作为"文化研习中心"的功能,扩大了我馆在我校的文化影响力。

2013年"北邮读书节"期间,我馆从阅读推广、阅读体验、阅读文化三个层面开展了13次活动,积极营造了我校的阅读文化氛围,为我校阅读推广工作的可持续发展奠定了良好基础。为了提高阅读推广的有效性、科学性,同年9月推出了"图书借阅排行榜",以图书馆2013年1—7月的图书借阅数据为依据,分"科学技术类""社科专业类"和"文学艺术类"三个榜单,分别列出了前20名的图书,并提供了图书信息,以引导读者阅读。为提高学生的文化修养,我馆于10月15日组织学生志愿者前往台湖国际图书城现场采选图书,并参观了中国图书文化展览馆。

2014年,图书馆成立了"经典阅读推广小组",以读书沙龙和设置展板等方式开展了一系列阅读推广活动。与往年相比,2014年的常态化服务在读者参与人数、馆员参与人数、活动形式、组织水平等方面都有了明显提升。

2015年,"北邮读书节"系列活动从"经典推荐与名家讲堂""资源推广""阅读互动""播撒书香"四个方面开展,共举行了16项活动,有效地促进了校园的阅读推广工作。本年度读书节的参与人数约18 050人次。与此同时,图书馆积极开展阅读推广常态化服务活动。为了实现阅读推广由活动向服务的转型,使阅读推广更具长期化、持续性,积极探索阅读推广的长效机制,本年度共组织常态化服务11次,形成了阅读沙龙、经典研读、图书推荐和主题观影等多种形式的服务活动。

2016年与2017年基本上继承了以往形成的"北邮读书节"活动模式,每年的参与人数都有所上升,2016年约为2.1万人,2017年约2.2万人,这说明我馆创立的"北邮读书节"品牌活动,历经8年时间,已经在读者中享有广泛的关注度,并保持着很高的参与度。此外,通过联系学生社团与社会团体,不断丰富日常的阅读推广活动。目前,我馆已经摸索出了"北邮读书节"与常态化服务并行的阅读推广之路,并在探索中不断将其发展和完善。

"悦读书院"

北邮"悦读书院"是图书馆打造的北京地区高校图书馆第一家阅读推广网络平台。网站融合了活动专题报道、网上阅读经典、网上提交读书报告、网上评阅读书报告、读者与指导老师交流和阅读文化记忆等一系列功能,突出"经典阅读导读服务"和"新媒体技术应用"两个特点,整合书目推荐、经典导读、读书报告、读者活动等资源,构建了一个线上线下相结合、馆员读者相结合、资源服务相结合的阅读推广服务体系。

2012年9月,"悦读书院"网络平台正式上线。在精彩纷呈的"北邮读书节"活动之后,我馆利用"悦读书院"网站继续进行阅读推广活动。平台开通以来,有力推动了北邮"经典阅读"活动。该项目在北京高校数字图书馆2011年年会上获得二等奖、在2014年北京高校图书馆"新技术驱动图书馆服务创新"学术研讨会上获得一等奖,其采用的棋盘式、瀑布流、图片流和旋转书架等可视化技术和图像检索技术在图书馆业界影响颇深,成为我校图书馆在虚拟空间阅读推广中具备创新性、突破性的工作。

学生通过"悦读书院"不仅可以查看图书馆藏信息、在线查看全文,还可以一站式获取纸版图书与电子版图书,在线提交读书报告、查看读书报告评阅状态。我馆通过"悦读书院"网站有计划、有组织地指导大学生阅读古今中外的人文科学、社会科学与自然科学经典名著,提高了我校学生,特别是理工科专业大学生的综合知识水平、社会认知和分析的能力。2014—2015年,"阅读书院"网站相继开放了读书报告的查重功能、经典导读功能;网站栏目更加多元化,"北邮读书节""征文荟萃""读书沙龙"等阅读推广活动成果通过"悦读书院"平台得以展示并传承。

"悦读书院"网站投入使用以来,共评阅读书报告8 000余篇。2013年评阅电子版读书报告2 069篇;2014年评阅电子版读书报告957篇,2015年评阅电子版读书报告1 160篇;2016年评阅读书报告2 210篇;2017年评阅读书报告1 662篇(如图5-15所示)。我馆读书报告评阅小组对读书报告的评阅流程和质量进行严格地控制,并对其中优秀的读书报告予以推荐,在"北邮读书节"中加以表彰。"悦读书院"读书报告的评阅工作充分体现了数字化时代我馆在阅读推广方面发挥的作用。

我馆持续丰富的阅读推广工作有效地辐射到北邮校园、社区和社会,真正发挥了"全民阅读基地"的示范效应。随着图书馆阅读推广工作的开展,越来越多的班级、支部开始与图书馆联合或独立开展各种类型的读书沙龙活动。2013年,图书馆响应教育部和学校"银龄温暖工程"号召,为离退休老同志办理读书证;2014年,图书馆在北邮社区设立"图书漂流岛";2015年,开展了"感悟书香 亲近阅读"文化展,推动"社区阅读"的开展。此外,图书馆积极参与北京地区高校图书馆文献资源

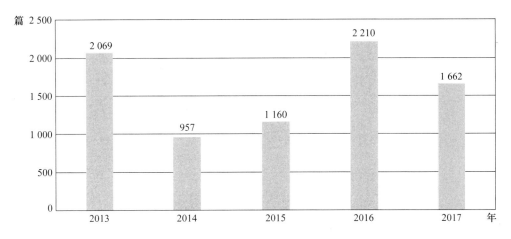

图 5-15　2013—2017 年"悦读书院"读书报告评阅量统计

保障体系(BALIS)的相关阅读推广工作,并于 2015 年参与"北京高校图书馆面向中小学开放活动"中,将每周五下午定为社会开放日,为"书香社会"贡献力量。

在开展阅读推广服务过程中,我馆培养了一批高效、专业、经验丰富的阅读推广馆员队伍。2013 年,我馆组织馆员参与了由中国图书馆学会阅读推广委员会组织的"最值得向读者推荐的一本书"馆员书评征集活动活动,被授予"活动优秀组织"奖。同时,我馆一名馆员获得书评一等奖,三名馆员获得书评三等奖。2015 年,图书馆选派了两个案例参加了"首届全国高校图书馆阅读推广案例大赛"。其中,"邮苑微信 互动寻宝"利用微信微站的特点,通过"寻宝"过程完成经典推荐、阅读交流和校园文化营造,案例荣获北京赛区优秀奖。基于"悦读书院"网络平台的经典阅读推广创新案例,突出"经典推荐""网络平台""服务体系"三个定位,通过机制创新和平台创新推动经典阅读的常读常新,案例荣获北京赛区三等奖。

五、技术发展

(一) 系统与平台建设

为了推动技术进步,促进读者更好地利用图书馆的资源与服务,我馆于 2013 年完成了 Melinets 自动化系统的升级。自动化系统的升级包括应用系统升级与数据库升级,其中 2013 年 6 月前顺利完成了应用系统的升级,解决了长期以来存在的功能与性能等关键问题,满足了馆内其他部门对自动化系统功能的需求;2013 年 8 月顺利完成了数据库系统的升级,解决了数据高效访问的关键问题,提高了检索速度,同时建立了数据的容灾备份平台,提升了业务数据的安全性,保障图书馆业务信息平台的稳定运行。

我馆近年又陆续开通了 VOD 视频点播系统、MUSE 统一检索服务和自助借还系统等。自助借还系统正式提供服务后,成了人工借书的有力补充。开通当年通过自助借还借出图书 13 000 多册。防火墙、VPN、ORACLE、SQLserver、Muse、KVM 等系统先后通过调试,投入正式使用。其中,非书资料系统开通并投入使用后,当年共下载光盘数据 44 000 余条,网上在线浏览 21 000 余条。非书资料系统、VPN 系统广受读者欢迎。

(二) 数字图书馆建设

2010 年,北京邮电大学个人数字图书馆系统的研发任务正式完成,系统进入测试和完善阶段,该成果获得"北京高教学会图书馆工作研究会数字图书馆专业委员会年会信息技术应用案例评比"二等奖。同年,我馆开发了北京邮电大学校内"感知校园中的智能图书馆示范系统"项目(教育部专项基金支持),该成果获得"北京高教学会图书馆工作研究会数字图书馆专业委员会年会信息技术应用案例评比"一等奖。

2011 年,我馆编制并测试完成个人数字图书馆中的"统一登录"和"新用户激活"模块程序。编写了基于 Android 平台的"读者借阅信息提示""预约通知"等应用程序,探讨了为读者提供个性化移动图书馆服务的可行方式。

2013 年是数字图书馆建设的关键之年。我馆于当年制订了《北京邮电大学数字图书馆建设方案》,从基础架构层、数据资源层和应用服务层全面分析图书馆信息化方面存在的问题,并提出解决方案。我馆重点开展"悦读书院"、知识发现、特色库和门户四个系统的建设,对各子系统以小组的方式开展工作。2013 年,我馆完成了悦读书院系统新模块的开发与升级,优化了评审流程,实现了成绩统计和成绩查询功能。并对"经典阅读"图书模块新增热门书目,首页新增十大类图书信息,实现十大类图书的分类别页面新增书目概览功能及瀑布流展示,实现了图书信息的可视化。推出了移动图书馆服务;读者可以在移动图书馆系统中实现对本馆预约借书操作和续借操作,可以获取短信催还书提醒服务,同时读者可以在线试读及下载各类电子书和音视频,并提供个性化服务,即读者可以自主订阅并收藏各类信息,这些信息可以按学科和主题进行分类。

2013 年,我馆自主研发了"北邮图书馆管理与服务平台"。实现了查收查引、教学培训等服务的在线提交和受理,数据库订购的在线流程管理,数据库使用统计的可视化分析等学科化和信息服务功能,提升了师生及馆员的用户体验。

2014 年,知识发现系统(Primo)正式上线。Primo 是基于网络级发现服务的学术资源发现与获取系统,为读者提供统一资源的发现与获取服务。新的信息门户为读者提供了纸本资源与电子资源的统一检索入口,建立了资源库导航功能,从而实现了对图书馆资源与服务的有机整合。

(三) 机构知识库建设

2008年,我馆开始搭建机构知识库软件平台,逐步恢复DSPACE机构知识数据库系统,根据我校院系结构,构建DSPACE数据库。2014年,北京邮电大学机构知识库初步建成并上线使用。该知识库是支撑北京邮电大学学术研究的基础设施,收集、保存与展示北邮教师和科研人员的学术研究成果,包括著作、期刊论文、研究报告、演讲介绍等,提供存档、管理、发布、检索和开放共享等服务。

北京邮电大学机构知识库基于CLAIS三期IR系统平台,遵循"用户为中心、服务为宗旨"的原则,从本地化、特色化、个性化等方面自主进行二次开发,集成了用户统一登录、学者风采展示、全库检索和分面检索、公共认领和个人认领、在线提交与审核等功能,通过与学校教务处、科研院等单位合作丰富了机构知识库的学者信息和学术资源。

系统为B/S结构,自下而上包括数据层、功能层和用户层,数据层主要完成数据采集、数据加工、数据审核、数据管理和数据存储;功能层主要包括登录认证功能,书画等特色资源展示,作品提交、认领、撤回、审核等数据管理功能,分面检索、分类浏览等资源利用层面的功能;用户层将相关信息通过浏览器呈现给用户。(如图5-16所示)

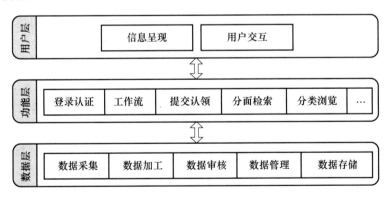

图5-16 BUPT-IR系统架构

(四) 信息网络安全

面对近年来信息网络安全方面存在的风险,根据北京邮电大学教育信息化处对全校信息安全的要求,结合图书馆的实际情况,我馆完善了《图书馆信息网络安全管理规范》《图书馆网络安全事件处置应急预案》和《网络安全值班守则》,加强信息网络安全教育和落实工作，认真参加学校的信息网络安全教育和培训。根据信息网络中心的要求，建立 CIO 制度，提交网站系统的备案信息。根据信息网络中心提供的扫描结果，对图书馆主页和各系统进行高中危漏洞的修复。我馆多次召开信息网络安全专题会议，一方面提高馆员信息网络安全意识，另一方面具体落实网络信息安全工作，解决工作中存在的困难和问题。图书馆严格落实信息网络安全值班制度，有针对性地安排值班时间，在非常时期、假期和平时建立不同的值班制度，确保及时处理安全问题和事件。

2015—2017 年，遵照学校信息系统统一管理的工作要求，将图书馆 40 余个应用系统和网站及其相应的备份、测试系统、存储数据，分三批完成了向学校信息网络中心的迁移，并不断完善图书馆应用系统的信息安全等保定级和备案资料。我馆于 2017 年完成了知识发现系统从本地服务器到云服务器的迁移工作，从而提升了知识发现服务的安全性与可靠性。

六、新馆建设

为了满足我校沙河校区读者的需求，我馆早在新馆投入运行之前的 2014 年便着手筹备了沙河借阅室，并组成了沙河借阅小组，积极建设沙河校区的纸本文献资源。根据学校统一布置，先后制定并上报了《图书馆关于沙河校区借阅室建设的规划方案》《图书馆沙河校区借阅室设备招标预算方案》《北邮图书馆沙河借阅室运行管理制度》等文件，为借阅室正式运行奠定了基础。2015 年上半年，我馆先后完成了沙河借阅室的书刊采购、资源调配、设备招标、规划布局和环境布置等工作，并在暑假期间完成了沙河借阅室开放前最后的准备工作。

2015 年秋季学期，沙河借阅室正式开放。馆舍面积 1 400 平方米，馆藏图书 10.5 万册、期刊 396 种，阅览座位 320 个，电子阅览座位 18 个，对外提供书刊借阅、阅读推广、证件管理和数字信息资源培训等服务，全力保障教学、科研和学生综合素质的培养。2015 年，沙河借阅室共接待阅览读者 21 687 人次，借出图书总量为 12 910 册。

沙河借阅室开放的同时，沙河新馆的建设也在有序地进行着。为使沙河新馆开放后能更好地服务于读者，图书馆于 2015 年组织馆员前往上海 6 所高校图书馆，对其家具采购、馆容建设等进行调研，获得了新馆建设的第一手经验。

2016 年，图书馆定期召开针对新馆建设的专题会，形成了《沙河新馆使用需求方案》，内容包括制定新馆功能布局、开展家具和设备采购调研、开展智能化建设设备调研和制定新馆服务模式等。为适应多地办学的局面，对本馆和沙河、宏福校区借阅室的资源进行合理配备，加强服务的管理工作。为按照学校要求，尽快实现多校区办学,进一步完善了沙河新馆 RFID 智能化建设方案。通过与基建处等部门多次沟通,完成了沙河临时借阅室搬迁后的强弱电改造,明确了新馆精装修和强弱电等的需求。

2017 年,沙河新馆建设进入实质性阶段。通过走访调研、需求分析、方案论证、现场办公、撰写招标需求、参与评标和合同审议等过程,进行了文创家具、服务定制家具、行政配楼办公家具、钢制家具、阅览桌椅的招标工作。此外,还进行了 RFID 设备、自助服务系统与设备、智慧图书馆服务与导航系统的招标工作,确定了有线网络服务方案;并完成了调整搬迁服务、服务外包项目的招标工作。

七、学术与交流

(一) 科研创新与业务学习

这些年来,北京邮电大学图书馆的科研成果无论是在数量上,还是在质量上都取得了跨越式的突破。

2010 年,我馆成立了科研学术指导小组,定期召开会议,传授、交流科研经验。在保持自身科研传统优势的前提下,加强业界热点研究,拓展研究领域,开创"以工作带动科研,以科研促进工作"的新局面,使图书馆从学校的资源中心真正成为学校信息中心。2010 年,我馆馆员参与项目近 10 个,在核心刊物上发文 10 余篇。我馆在图书馆移动服务、采访编目和馆际互借等方面的研究水平跨入北京高校图书馆前列,其中馆际互借和移动服务两项成果获得了北京高教学会的奖励,扩大了北邮图书馆的学术影响。

2011 年,图书馆继续鼓励馆员们参与项目建设,并加大力度支持学术交流活动。当年,我馆成功申报了北京高校图工委 2011－2012 年科研基金项目《图书馆区域合作与资源共享研究》、CALIS 三期特色库项目《中国近现代邮电史数字图书馆资料库》、CALIS 三期特色库定向项目《通信电子类网络原生数字资源特色库》、北京高校图工委 2010－2013 年科研基金项目《移动技术在图书馆中的应用模式研究》、北京邮电大学教育教学研究与改革项目《本科生"选读书目"实践教学网络平台建设》和北京市科学技术协会项目《首都大学生就业创业信息服务青年论坛》。我馆完成 CALIS 三期应承担的一期科学与技术知识库建设第一阶段 100 个问题的提交工作,完成 CALIS 三期信息素质教育课件题目的提交工作。馆员在业界学术刊物上发表论文 10 余篇。2011 年,我馆 80 余人次参加了图书馆界 30 余次业务培训会、工作交流会、学术研讨会等各类会议,使员工学习新知识,了解新动态,拓展了视野,提高了技能,员工深感个人的发展与图书馆的发展密切相关,极大地增强了工作主动性。

2012年,我馆依据承担的校内外和馆内外科研项目15个,发表论文16篇,其中核心期刊和国际会议论文及获奖论文10篇,承办学术会议3场,主办或联合主办工作会议2场,荣获北京科学技术情报学会颁发的2012年年度"优秀委员奖"和"优秀会员单位"奖项。

2013年,我馆依据承担的校内外和馆内外科研项目10余个,发表SSCI论文1篇、EI论文1篇、SCI论文1篇,发表中文核心期刊论文16余篇。共有70余人次外出参加会议或培训学习。值得一提的是,2013年为了促进馆员整体业务水平的提高,达到提高服务质量的目的,集合全体馆员的智慧,编撰了《北邮图书馆馆员应知应会知识问答》,并对全体馆员进行相关知识测试,促进了馆员对全馆业务的了解,切实起到了提高服务质量的作用。

2015年,我馆馆员在做好图书馆基础服务工作的同时,积极参与科研工作,共发表期刊和会议论文40余篇,其中核心期刊论文10余篇。馆员积极参与其他高校图书馆的学术会议,其中1篇论文获得优秀论文一等奖,2篇论文获得优秀论文二等奖。

2016年,我馆馆员主持或参与校级科研项目4个,省部级科研项目3个,如馆员王茜主持了北京市哲学社会科学基金项目《北京地区高校图书馆联盟共享机制研究》;发表15篇期刊论文和5篇会议论文,其中SCI论文2篇,IEEE论文1篇。论文《基于北京邮电大学国内专利的高校专利成果分析》获全国通信电子类高校图书情报工作委员会2016年学术年会征文一等奖,《国际知名大学排名系统比较研究与结果分析——以北京邮电大学为例》等三篇论文获优秀奖。为适应数字化时代图书馆服务与管理的新要求,创造条件加强馆员业务学习,提升馆员的业务素质和综合服务能力。2016年,馆员参加"双一流背景下高校图书馆读者服务创新研讨会""2016年专利分析助力新型学科服务研讨会""全国通信电子类高校图书情报工作委员会2016年学术年会"等研讨会55次,参加图书展、图情工作调研共5次。通过学习,馆员了解了高校图书馆界前沿动态,拓宽了视野,增长了业务知识,为图书馆的持续发展提供了源动力。

2017年,馆员主持或参与校级科研项目2个,主持省部级科研项目3个。馆员发表10余篇学术论文,其中CSSCI论文2篇。为提升馆员的业务素质和综合服务能力,适应我校"双一流"建设对图书馆馆员能力的新需求,图书馆鼓励馆员参加业务学习。2017年,馆员参加"北京高校数字图书馆年会""全国通信电子类高校图书情报工作委员会学术年会"等学术会议和培训会议计40余人次。通过学习,馆员了解了高校图书馆界的前沿动态,拓宽了视野,增长了业务知识,为图书馆的持续发展提供了源动力。

（二）交流合作

全国通信电子类高校图工委由北京邮电大学、电子科技大学、西安电子科技大学、南京邮电大学、重庆邮电大学、桂林电子科技大学、杭州电子科技大学、西安邮电学院和北京信息科技大学9所通信电子类行业高校图书馆组成。北邮图书馆是图工委主任馆和秘书处所在地，负责协调联盟馆开展各项业务、学术活动，促进各馆工作开展，加强资源共建、共知、共享，充分发挥各馆的教育职能和情报职能。图工委每年召开一次工作年会，主任馆发挥主导、协调作用。

2009年10月27日，全国通信电子类高校图书情报工作年会——暨数字环境下的图书馆服务创新研讨会在北京信息科技大学小营校区召开，此次会议由北京信息科技大学图书馆承办，来自北京邮电大学、电子科技大学、南京邮电学院、西安邮电学院、西安电子科技大学和桂林电子工业学院等8所高校图书馆馆长及代表共20余人参加会议，会议共收到论文16篇。时任图书馆社会合作研究专业委员会副主任、北京邮电大学出版社社长代根兴提出了图书馆与社会各界合作、共赢的理念，阐述了高校图书馆加强与社会各界的广泛合作，扩大自身社会影响力和服务能力的发展趋势。

2010年，全国通信电子类高校图书情报工作学术年会于11月26—28日在桂林电子科技大学召开，来自北京邮电大学、西安电子科技大学、电子科技大学、南京邮电大学、杭州电子科技大学、重庆邮电大学、北京信息科技大学、西安邮电学院和桂林电子科技大学9所高校图书馆领导及代表共30余人出席了会议，此次会议由桂林电子科技大学图书馆承办，会议收到论文26篇。此次学术年会的主题是"数字资源政策：管理与服务"，旨在进一步增进全国通信电子类高校图书馆间的相互了解和友谊，加强图书情报学术交流与合作，推进新信息环境下通信电子类高校图书馆的资源共享和图书馆学科化、个性化服务的发展，以不断完善对读者的服务的终极目标。

2011年，全国通信电子类高校图书情报工作学术年会于9月底在西安电子科技大学召开，来自行业9所高校图书馆领导及代表共34人出席了会议。会议围绕通信电子类高校图书馆的交流与合作、资源共享、数字环境，以及多校区运行的高校图书馆服务理论与实践等问题展开了广泛的讨论。

2015年，我馆积极承办了全国通信电子类高校图书情报工作委员会学术年会，共有9所高校图书馆40余人参加了会议，会议收到论文和案例56篇，我馆馆员提交了6篇论文，其中2篇论文被评选为一等奖。会议促进了行业内高校图书馆之间的业务交流。会后，由我馆参与策划出版的年会优秀论文集《高校图书馆资源与服务体系建设研究》一书，为业界同人提供了优秀的论文和案例。

我馆作为中国图书馆学会常务理事单位和北京市高校图工委副主任单位、"全民阅读示范基地"示范馆、BALIS馆际互借管理中心主任馆和BALIS原文传递学科服务馆,每年前来参观访问的兄弟院校图书馆、科研文献机构、相关教育组织多达数十家。十多年来,访问我馆的个人与单位包括中央广播电视大学图书馆(2008)、河南科技学院图书馆(2008)、重庆邮电大学图书馆(2008)、中北大学图书馆(2010)、中国人民公安大学图书馆(2011)、重庆电子工程职业学院(2011)、桂林电子科技大学图书馆(2011)、北京建筑工程学院图书馆(2011)、美国南康涅狄格州立大学师生(2011)、山东大学图书馆(2011)、中国地质大学现代教育网络技术中心(2011)和英国伦敦大学玛丽女王学院图书馆负责人阿兰贝松博士(2011)等。

为了促进图书馆之间的共建、共知、共享机制,搭建知识服务的良好平台,我馆近年来先后多次主办、承办了全国性、地区间具有影响力的行业会议。其中包括"北京高校图书馆信息资源质量管理体系建设"(2011)研讨会,北京大学、清华大学、中国人民大学、北京师范大学和北京航空航天大学等图书馆领导与专家参加了会议,互相交流了宝贵的经验;首都大学生就业创业信息服务青年论坛(2011);北京高校图书馆"智慧图书馆,创新与和谐"学术研讨会(2011),该会议吸引了北京市40余家高等学校图书馆和单位,170余名会议代表前来参与,展示了北京地区高校图书馆人跟进信息技术、利用信息技术所做出的成绩;"十二五"科技情报服务模式创新博士论坛(2012);第十五届北京科技学术月——信息服务探索与创新高层论坛(2012);2012年度信息服务学术论坛暨高等院校科技情报专业委员会全体委员会议(2012)等。

(三) 业界认可

我馆作为CALIS(中国高等教育文献保障系统)联合目录的成员馆,图书馆的编目工作卓有成效,在业界中一向有较好的口碑。因在馆藏数据共建共享工作中表现突出,我馆获得高等教育文献保障系统管理中心颁发的2014—2015年年度"CALIS联合目录馆藏数据建设先进单位"奖和2015—2016年年度"CALIS联合目录馆藏数据建设先进单位"奖。

我馆作为北京市高校文献保障系统(BALIS)馆际互借管理中心,承担着北京市近80家高校图书馆的馆际互借服务的运行管理和业务指导。由于我馆在BALIS馆际互借服务中表现优异,荣获了2015年"BALIS馆际互借服务"三等奖,两名馆员(王茜、刘新燕)荣获2015年度"BALIS馆际互借服务先进个人"一等奖。2016年,我馆荣获"BALIS馆际互借服务"三等奖,一名馆员荣获2016年度"BALIS馆际互借服务先进个人"二等奖。2017年,我馆荣获"BALIS馆际互借服务"三等奖;馆员王茜荣获"BALIS十周年特别贡献奖";王茜、张丽、刘新燕三位馆员荣获

"2017年BALIS馆际互借服务先进个人"一等奖,郭莉森荣获2017年"BALIS馆际互借服务先进个人"二等奖。

由于我馆在BALIS原文传递服务中表现突出,荣获2015年"BALIS原文传递服务学科服务"奖,馆员李玲获得2015年"BALIS原文传递服务先进个人"奖;我馆荣获2016年"BALIS原文传递最佳服务"奖,同时作为BALIS原文传递学科服务馆,我馆也获得了"BALIS原文传递学科服务"奖,一名馆员获得2016年"BALIS原文传递服务先进个人"奖。2017年,荣获"BALIS原文传递先进集体"奖和"BALIS原文传递学科服务"奖,馆员李玲荣获2017年"BALIS原文传递服务先进个人"奖。

此外,由于我馆卓有成效的工作,先后获得了华北地区高等学校图书馆协作委员会颁发的"华北地区高校2012—2016年度先进集体"奖;三名馆员因业绩突出荣获"华北地区高校图协2012—2016年度先进个人"荣誉称号;北京地区高等学校图书馆工作委员会颁发的"2016年度北京地区高校图书馆先进集体"奖;三名馆员因业绩突出荣获"北京地区高校图书馆2016年度先进个人"荣誉称号;以及北京科学技术情报学会颁发的2016年"优秀工作委员会"奖。

八、党群工作

(一) 支部工作

2010年,图书馆党支部围绕"构建和谐图书馆"和"提升服务质量"两个重点,组织开展了丰富多彩、富有成效的活动,有效提升了支部党员的凝聚力,展现了党员的先锋模范作用和支部的战斗堡垒作用,促进了图书馆馆务工作的良好开展。

2011年,图书馆党支部围绕"营造和谐,满意服务"和"庆祝建党九十周年"开展了系列活动,形成了支委会、党小组与工会、行政分工协作、良性互动的工作机制,促进了整体工作的有效开展。

2012年,图书馆党支部以党的十八大胜利召开为契机,面向"基层组织建设年",围绕"信息促发展、服务树形象"和"深入一线、主动服务"两个主题开展了形式多样、富有成效的工作,通过理论学习、组织生活、宣传引导加强了党员党性修养,通过支部、工会和行政的密切配合促进了馆内和谐和科学发展。

2013年,图书馆党支部按照上级党委的统一部署及要求,以学习宣传和贯彻落实十八大精神为宗旨,积极开展"两会学习"和"党的群众路线实践教育活动",进一步加强组织建设,充分发挥党小组的主体作用,通过一系列实践活动加强了党员的政治理论素质和党性修养的培养,同时也促进了党员实践工作能力的提升。

2014年，图书馆党支部按照上级党委的工作部署和各项要求，全面贯彻党的十八届三中全会和四中全会精神，继续巩固党的群众路线教育实践活动成果，积极开展"中国梦"和"社会主义核心价值"的学习和宣传，进一步加强支部组织建设、思想建设和文化建设，为图书馆科学发展、和谐稳定发挥了保驾护航、搭桥铺路的作用。

2015年，图书馆党支部按照上级党委的工作部署和各项要求，全面贯彻党的十八大和十八届三中、四中、五中全会精神，深入学习宣传贯彻习近平总书记系列重要讲话精神，贯彻落实学校第十四次党代会精神，继续巩固党的群众路线教育实践活动成果，围绕着党风廉政建设开展宣传教育活动。

2016年，图书馆党支部按照上级党委的工作部署和各项要求，全面贯彻党的十八大和十八届六中全会精神，深入学习宣传贯彻习近平总书记系列重要讲话精神，积极开展并深化推进"两学一做"学习教育活动。在支部组织和建设、党员党性修养和文化提高上不断强化和突破，发挥党员先锋带头和勇于奉献精神，挖掘形式多样、成效显著的党支部活动，为图书馆和学校和谐稳定发展添砖加瓦。

(二) 工会工作

工会是党联系群众的桥梁和纽带。图书馆工会多年以来坚持执行"党工联席会议"制，明确职能定位与具体职责，在教务党委和部门工会的指导下，依托图书馆党支部和行政领导的大力支持和全馆员工的配合，彰显"尊重、关爱、进步"的核心价值观，围绕"提升服务竞争力、组织管理力、文化影响力"的中心工作，通过形式多样、内容丰富的品牌化活动，有效提升了全体馆员的凝聚力和工作积极性，促进图书馆馆务工作的良好开展。

图书馆工会秉承"制度化、科学化、品牌化"的方针，坚持以"参与、创新、快乐"为宗旨，积极组织春游、秋游，"家年华"联欢会、庆生会等活动，这些活动已经形成了常办常新的品牌活动。同时，鼓励馆员参加校运会、健步走、羽毛球比赛、乒乓球比赛和篮球比赛等工会活动。在学校组织的教职工男子"半场三人篮球"对抗赛、北京工业大学举办"北京地区高校图书馆羽毛球友谊赛"等比赛中都取得了优异的成绩。

2008年5月12日，四川汶川地区发生8.0级特大地震。图书馆工会积极响应学校号召，组织职工向灾区献爱心，全馆职工踊跃捐款共计5 220元。同年10月，在校工会组织的捐赠活动中，向灾区捐献棉衣被等29件。2009年，我馆刘长荣老师被确诊为胸膜和腹膜恶性间皮瘤。获悉刘老师生病的消息后，在馆领导积极带动下，全体馆员积极响应，纷纷慷慨解囊。仅两天时间，就收到各部门的爱心捐款，共计12 450元。充分显示了图书馆馆员奉献爱心的精神和集体凝聚力。

工会在面向困难职工的慰问活动、面向退休职工的座谈会、面向青年职工的业务探讨等方面,实现了"全员性参与、全方位关心、全身心投入"的良好机制,发挥了"聚人心、促发展"的良好效果。工会每年认真落实女职工特殊疾病互助保障的投保工作、教职工大额医疗困难补助申报工作等,把馆员的健康与安危放到工会的中心工作中,为馆员们建立起真正的"工会之家"。

参 考 文 献

[1] 马自卫.图书馆和信息系统的一种模式[J].现代图书情报技术,1991(03):11-14+10.

[2] 宗国荣,王卫宁.发挥校园文化与图书馆教育职能的一种好形式——记北京邮电学院读书协会[J].图书馆理论与实践,1991(03):50-51+28.

[3] 郑智学.以实用化为目标 推进图书馆自动化建设[J].图书馆学研究,1991(03):38-40+84.

[4] 李维华.充分发挥高校图书馆的教育职能——谈谈北京邮电学院图书馆的具体做法和体会[J].图书馆学研究,1991(02):28-30+106.

[5] 宗国荣.校园文化与图书馆的教育职能——对读书协会工作的探索[J].高等教育学报,1990(03):53-57.

[6] 朱榕年.对高校图书馆职能的再认识[J].晋图学刊,1988(03):19-23.

[7] 王卫平.改革图书采购工作的一点尝试[J].高校图书馆工作,1985(01):80.

[8] 王戊辰.浅谈高校图书馆的改革问题[J].高校图书馆工作,1983(04):14-17+13.

[9] 岳逢润.谈高校图书馆图书预订工作的计划管理[J].图书馆学研究,1983(03):161.

[10] 王戊辰.加强科学管理,更好地为教学和科研服务[J].图书馆学研究,1983(01):143.

[11] 王戊辰.谱写高校图书馆事业的新篇章[J].高校图书馆工作,1981(04):9-10.

[12] 马自卫,高嵩.MELINETS——一个崛起的中国图书馆自动化信息网络系统[J].现代图书情报技术,2000(01):8-11.

[13] 王晓玲.电子化网上教学初探——谈文检课教学方法的改革[J].大学图书馆学报,1997(01):35-37.

[14] 马自卫,高锦春,卢芳芳.CERNET网上的资源(一)——邮电通信文献数据库[J].大学图书馆学报,1997(01):52-53.

[15] 马自卫,王晓玲.校园图书馆网络化建设[J].现代图书情报技术,1995(02):

7-12+23.

[16] 吴旭,荆林浩,王茜,等.邮电通信专题文献数据库建设的实践与思考[J].科技情报开发与经济,2007(11):123-125.

[17] 周婕,崔海媛,张红军.北京高校图书馆联合体合作实践与发展研究[J].图书情报工作,2007(03):121-124.

[18] 周婕,崔海媛,蔡祯.自发的地区性高校图书馆联盟发展构想——北京市高校图书馆联合体建设实践[J].图书馆论坛,2006(04):147-149.

[19] 代根兴."立体三角"管理模式及其在大学图书馆中的应用[J].图书情报知识,2005(06):105-107.

[20] 代根兴."立体三角":大学图书馆管理模式的新思考[J].大学图书馆学报,2004(03):61-63.

[21] 代根兴.整体论视野下的大学图书馆管理——"立体三角"管理模式及其在北邮图书馆的应用[A].中国图书馆学会理论研究专业委员会.第四次图书馆学基础理论学术研讨会论文集[C].中国图书馆学会理论研究专业委员会:中国图书馆学会图书馆学理论专业委员会,2003:14.

[22] 王黎,刘锦山.科尔沁区图书馆史 1929—2016 [M].北京:国家图书馆出版社,2018.

[23] 昆山市图书馆.昆山图书馆馆史 1918—2017[M]. 南京:江苏人民出版社,2018.

[24] 吴澍时.民国时期地方志所见基层图书馆史料汇考[M]. 北京:国家图书馆出版社,2017.

[25] 韩永进,王余光.中国图书馆史,古代藏书卷[M].北京 :国家图书馆出版社,2017.

[26] 韩永进,程焕文.中国图书馆史,近代图书馆卷[M].北京:国家图书馆出版社,2017.

[27] 韩永进,肖希明.中国图书馆史,现当代图书馆卷[M].北京:国家图书馆出版社,2017.

[28] 刘延明.中国地质图书馆史:1916—2016[M].北京:地质出版社,2016.

[29] 西安交通大学图书馆.西安交通大学图书馆馆史[M].西安:西安交通大学出版社,2016.

[30] 李朝先,段克强.中国图书馆史[M].贵阳:贵州教育出版社,1992.

[31] 苏全有,王仁磊.河南师范大学图书馆史稿[M]. 郑州:中州古籍出版社,2011.

[32] 李景文.河南大学图书馆史[M].郑州:河南大学出版社,2012.

附录一　北京邮电大学图书馆 2018 年年度报告

一、资源建设

图书馆每年以较为稳定的经费投入来保障文献资源建设,始终坚持以用户为中心、以学科建设为导向、以突出特色和协调发展为原则,积极调控文献资源建设和布局。在资源建设过程中,重视纸质资源与数字资源的统筹协调建设,为学校教学科研发展建立起了一个资源丰富、学科特色突出的文献资源保障体系,既保证了学校优势特色学科强劲发展所需,也快速补充了学校新建学科资源;既支持了管理与人文社会科学发展,也促进了学校精英人才、创新人才的培养。

截至 2008 年,我校图书馆总馆藏图书 462 余万册,其中馆藏纸质资源 206 余万册,馆藏电子资源(折合)255 余万册,另有电子版学位论文 623 余万篇。其中,生均纸质图书 64.38 册,生均电子文献折合 79.69 册,新增纸质图书 50 903 册,生均 1.6 册;当年新增电子图书 51 358 册,生均 1.6 册。

(一) 经费投入

表 A-1　2016—2018 年度经费投入情况

年度	纸质资源经费/万元	电子资源经费/万元
2016	244.2	417.6
2017	416.5	1 359.5
2018	309.4	736.0

(二) 资源建设及购置情况

1. 外购资源

除每年购置中外文图书、期刊、报纸等资源外,图书馆现有中外文数据库 184 个,其中包括新东方多媒体学习库等学习类电子资源,也包括 IEL、Science Direct、

Springer 等众多知名外文电子资源,还包括 SCI、EI、CPCI-S、ESI 等检索分析类电子资源,以及 ACM、SPIE、Emerald、HeinOnline 等专业型的电子资源。

表 A-2　2018 年度新增资源量统计

类型	(种)	(册)
中文图书	9 449	41 701
外文图书	780	1 227
捐赠中文图书	447	577
捐赠外文图书	618	698
中文期刊	887	1 692
外文期刊	173	174
报纸	63	64
总计	12 417	46 133

2. 馆藏建设情况分析

表 A-3　2014—2018 年图书文献增量统计(不含期刊)

年份	(种)	(册)	图书总量(册)
2014	27 874	84 936	1 752 323
2015	23 273	66 573	1 818 940
2016	12 176	33 339	1 852 279
2017	21 280	83 589	1 935 868
2018	11 294	44 203	1 980 071

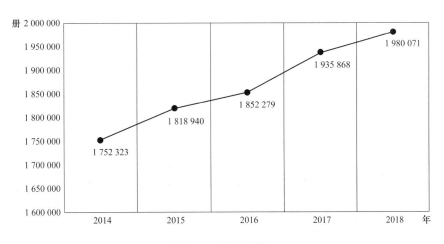

图 A-1　图书总量

- 文献类型分析

馆藏资源共有中文图书 427 531 种、外文图书 49 804 种、中文期刊 2 848 种、外文期刊 1 742 种。

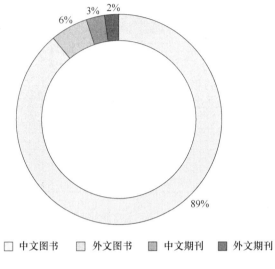

图 A-2　馆藏各类文献分布情况(种数)

- 文献学科分布

截至 2018 年年底,馆藏文献中 T 类(工业技术)在种数和上都占绝对资源,符合我校的办学特色,其次是 F 类(经济)、I 类(文学)、H 类(语言文字)。别是:T、F、I、H、D、O、K、B、G、C。学科分布情况符合我校学科特色。

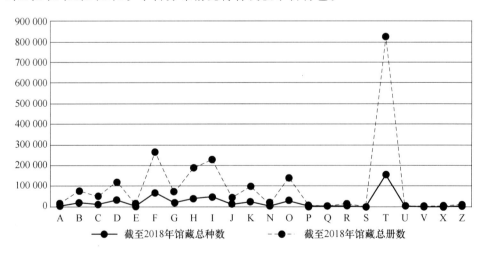

图 A-3　截至 2018 年入藏图书按中图法大类分布图

（三）资源使用情况

1. 纸质图书借阅情况

截至 2018 年年底，图书馆馆藏资源中可流通文献册数为 943 873 册。2018 年，已借阅图书数量 66 627 册，零借阅图书 877 246 册，流通占比为 7.06%。

目前，馆藏资源中纸质资源可流通的文献主要是图书。2013—2018 年，我校读者借阅纸质图书的数量逐年下降。

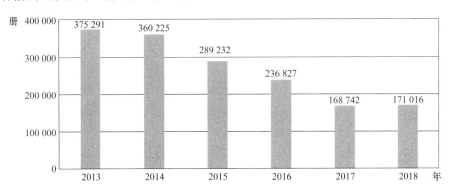

图 A-4　2013—2018 年纸质图书借阅量统计

2. 新书借阅情况

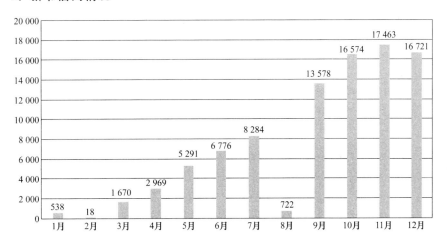

图 A-5　2018 年度新书借阅量

3. 各学科图书利用率

从各学科类目图书的利用情况来看，T 类（工业技术）、I 类（文学）、O 类（数理科学）图书的利用率最高，特别是 T 类高达 46.89%。

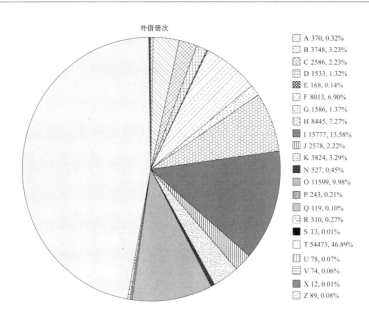

图 A-6　2018 年各类目图书利用率

（注：本学科图书利用率＝该分类有借阅记录图书册数/该分类下所有图书）

T 类（工业技术）是北邮学科特色的图书，各子类中，TP 类（自动化技术、计算机技术）利用率最高，TN 类（无线电电子学、电信技术）也占有相当比例，这与我校的学科特色相符合。

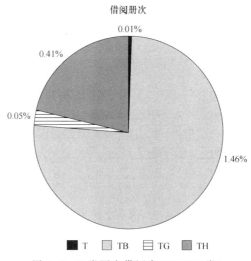

图 A-7　T 类图书借阅率（TB-TU 类）

4. 电子资源利用率

表 A-4　2014—2018 年电子资源利用率

	检索次数	全文下载次数	使用次数	合计	增幅（%）
2014 年	9 969 586	3 704 546	885 599	14 561 745	2.2
2015 年	12 263 271	3 209 507	1 248 167	16 720 945	14.8
2016 年	14 863 231	3 280 619	1 092 165	19 236 015	15
2017 年	18 274 162	4 826 064	1 114 421	24 214 647	26
2018 年	18 449 124	5 487 595	2 285 079	26 221 798	8.3

二、多维信息服务

（一）基础服务

1. 纸质书刊借阅服务

受沙河图书馆开放的影响，2018 年图书流通量较 2017 年略有回升。2018 年图书借阅量为 171 016 册，比上一年度增长 1.35%。读者阅览人数为 59 277 人次，较 2017 年下降 15%。

2. 馆际互借、多校区通借通还、原文传递服务

图书馆是 BALIS 馆际互借管理中心馆，管理中心设在中心书库，承担了馆际互借服务的日常管理协调工作、服务宣传工作、物流经费结算等各项工作。为促进馆际互借工作，弥补馆藏资源的不足，2018 年，沙河图书馆开放后也启动了馆际互借业务，沙河校区读者馆际互借需求可以直接在当地获得服务。

表 A-5　2014—2018 年馆际互借情况统计

	2014 年	2015 年	2016 年	2017 年	2018 年	总计
系统注册人数/人	78	86	101	167	187	619
提交请求数量/条	228	232	312	546	362	1 680
文献满足数量/条	50	34	59	97	167	407
满足率（%）	40	73.91	80.82	75.19	63.98	66.78

在跨校区通借通还方面，根据业务需求对相关工作人员进行通借通还业务培训，以提高本校区、沙河校区、宏福校区图书通借通还工作的效率和质量。

表 A-6　各校区通借通还情况统计

部门	2017年			2018年		
	预借在架	预借出库	预借借出	预借在架	预借出库	预借借出
宏福分馆	106	57	31	211	41	42
沙河图书馆	128	59	39	1 142	791	522
西土城:新书借阅室	1 345	968	886	740	557	493
西土城:中心书库	304	181	159	268	189	167
总计	1 883	1 273	1 115	2 368	1 579	1 224
预借借出率	87.6%			77.5%		
预借满足率	67.6%			66.7%		

为了弥补本馆馆藏不足,我馆加入 DRAA、CASHL、BALIS 和 NSTL 等多个文献保证体系,深入和多层次的开展文献传递服务。近年来,由于各校文献保障力度的增加,包括我馆在内的越来越多的图书馆加入 BALIS/CALIS 原文传递融合系统,对于本馆没有的资源可以通过融合系统直接从馆藏馆获取所需文献,而无须再委托我馆这样的学科服务馆进行代检代查业务,因此原文传递服务量有所下降。

表 A-7　2014—2018 年原文传递情况统计

统计项 \ 年	2014年	2015年	2016年	2017年	2018年(1—9月)
系统新注册人数/人	8	35	43	217	3
系统新注册人数增幅	−3%	337.5%	22.9%	404.7%	−986.2%
发送请求数量/条	468	309	229	98	120
发送请求增幅	−12%	−33.97%	−25.9%	−57.2%	22.4%
接收请求数量/条	158	96	84	124	92
接收请求增幅	−12%	−39.2%	−12.5%	47.6%	−25.8%
文献满足数量/条	132	72	58	93	74
满足率	83.5%	75%	69%	75%	81.32%
满足率增幅	−8.7%	−10.2%	−8%	8.7%	8.4%

(注:仅针对 BALIS 原文传递本地系统数据统计,但是发送请求数量包含 CALIS 和 NSTL 系统的)

3. 促进捐赠图书的流动

为节约资源,保障图书得到有效利用,图书馆与学生社团"图书馆学生管理委员会"和"环保北邮人社团"联合开展图书漂流活动,在西土城校区设置"图书漂流岛",供读者自行获取并阅读。漂流岛日常维护由读者服务部负责,为更加规范地对两校区漂流岛进行管理,图书馆出台了《北京邮电大学图书馆书刊漂流管理办法(试运行)》,同时建立了漂流岛巡检制度,确保漂流岛架上图书资源的安全可靠。2018年毕业季图书漂流活动中,图书馆接受毕业生捐赠图书达1 000余册。2018年12月沙河校区开展的期刊漂流活动中,近400名同学领取到2 000余册自己心仪的图书。图书漂流活动,既为读者节省了费用,也更好地传播了知识。

(二)多层次提供信息服务(按读者年级层次培养模型分析)

通过多种方式向读者推介图书馆的资源与服务,加强学生的信息素养教育,以提高图书馆文献资源的利用率。开展深层次信息咨询服务,推进学科服务和学科分析工作的开展,以促进学校的"双一流"建设。

1. 咨询服务

(1)基础咨询

图书馆2018年共完成各类基础咨询3 000余次。基础咨询服务也从最初的现场轮班制,逐步发展为电话、网站FAQ、论坛、邮件、QQ、微博、微信等多渠道的服务模式,争取全方位地满足读者的日常咨询需求。

(2)学科咨询

图书馆为全校师生、院系、实验室在职称评审、项目申请、工作考核、导师遴选、学位申请、奖金评选、基金申请、报奖、学科评估、学位点申报、重点实验室申报、评估、验收等环节中提供了及时、高效的咨询服务。

(3)查收查引

近年来,查收查引量保持着稳定的增长。随着学校双一流建设的进程以及学校学科建设的多元化布局,我校用户的检索需求和学校学术评估要求不断地提高,文献收录引用的检索需求不仅仅局限于简单的传统三大检索工具(SCI、EI、ISTP),而且对于文献的引用分析(同时对于引用的定义要求也越来越细化)、期刊评价、学者竞争力分析的需求也越来越多。这就要求馆员深入地了解每一个用户的需求,熟悉更多的数据库检索技巧。截至2018年12月20日,共出具查收查引报告1 723份,比上年增长1.8%。

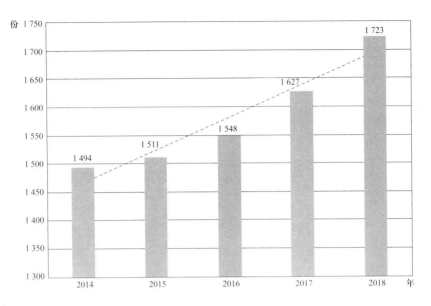

图 A-8　2014—2018 年查收查引统计

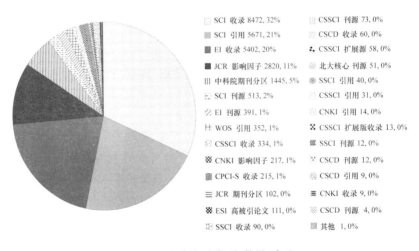

图 A-9　查收查引类型（数量，占比）

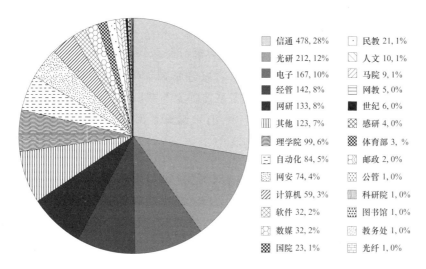

图 A-10　查收查引院系分布(数量,占比)

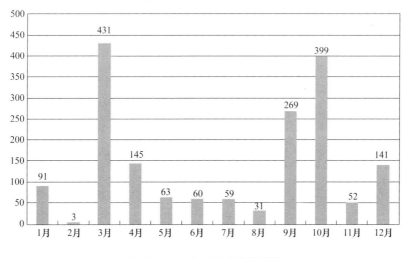

图 A-11　查收查引月趋势统计

查收查引需求的最高峰主要集中在 3 月(主要为自然科学基金优青、杰青的申报等)、9 月和 10 月(主要为职称评定)。

(4) 科技查新

2018 年,图书馆完成科技查新课题 14 个,与 2017 年持平。其中,国内外查新 8 个,国内查新 6 个。科技查新服务受政策影响比较大,随着教育部博士点基金的取消,相应博士点基金申请的科技查新数量也大幅减少,其他高校科技查新站也存在类似情况。

2. 学科服务

重视做好院系服务,夯实学科服务的基础。2018年,按照院系图情委员对资源建设的建议,深入人文学院、数媒学院、经管学院等,有针对性地了解院系老师对资源的需求,并对法学和艺术类资源进行系统整理推送给相关院系老师。组织3场针对国际学院三个专业的定制版"图书馆资源与获取"培训;参加"数媒青年说"学术论坛,开展《学术信息资源检索与利用(数媒类专业)》讲座;开展嵌入式课堂教学,主讲《法学电子资源的获取及利用》。

3. 情报分析服务

以推动图书馆信息服务创新的理念为指导,助力学校的双一流学科建设。在教学支撑、科研支持、决策参考方面做好服务,积极开展科研学术信息收集和数据分析,发布了多项情报分析报告。

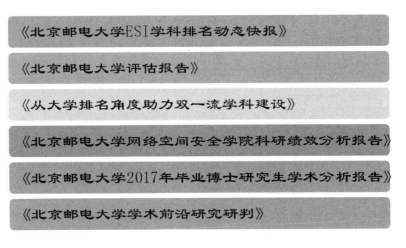

图 A-12　图书馆 2018 年部分情报分析报告名单

三、空间建设

2018年,图书馆各对外服务部门全年共开放7 462小时。2018年5月起,沙河校区图书馆顺利开馆,图书馆对各部门也进行了相应调整,将沙河校区图书馆设立为读者服务二部,馆舍空间进一步扩大,服务水平进一步提升。

表 A-8　2018 年图书馆进馆综合年报表(校本部)

进馆总数	770 408	
平均每月进馆	64 200	
最高月进馆	108 561	11月

续 表

最低月进馆	302	1月
前三名进馆类型		
普通本科生	575 439	占总人数74%
硕士生	158 301	占总人数20%
博士生	17 826	占总人数2%
前三名进馆人员		
2015级信息与通信工程学院本专科生	163 500	占总人数21%
2015级计算机学院本专科生	74 032	占总人数9%
2015级电子工程学院本专科生	63 480	占总人数8%

（一）本校区图书馆建设

本校区图书馆借阅室共分为新书借阅室、中心书库、样本书阅览室、中文报刊阅览室、外文书刊阅览室、数字化与特藏室六个对外服务窗口。2018年，将原来分属不同楼层的样本书借阅室统一搬至沙河校区，原来样本书阅览室调整为自习室；同时调整了四层样本库的布局，解决了消防通道堵塞、书库架位紧张、新书借阅跨层管理等问题。此外，将位于图书馆东楼二层的两个教室改为自习室，加上原有的自习座位，为各院考研学生提供了2 224个自习座位，使我校近一半考研学生都在图书馆获得了自习座位，提高了读者的满意度。

（二）沙河校区图书馆建设

1. 沙河校区图书馆顺利开馆

在校领导的组织协调下，全体图书馆人共同努力，沙河校区图书馆于2018年5月26日顺利开馆，正式对外提供服务。试运行后，积极推动后续工作，一层自习区于6月7日正常运行，主服务区于6月19日实行正常运行时间开放（8:00—22:00），6月29日完成四层样本区建设，12月19日五层对外开放，充分保证了校区师生的学习需求。主体建筑共五层，总面积3.78万平方米，现有阅览座位1 852个，15个研讨间，50个座位可供读者预约研习，沿墙座位500个，休闲座位148个可供读者阅览。

2. 沙河校区图书馆持续优化服务

目前，沙河图书馆共拥有中文外借图书29.1万册、外文外借图书1.1万册，中文样本图书32万册，合计馆藏图书62.2万册、期刊700余种。图书借还、跨校区预借、图书预约等服务有效推进，各项服务数据平稳提升。

3. 沙河校区图书馆文化建设

深入挖掘沙河图书馆设计理念,根据"天圆地方"的造型设计了"橙黄绿青蓝"的整体色系,进而对导视系统、座位预约、架标等进行统合设计,提升了图书馆的整体品味。分为展览展示空间、学生学习空间、休闲冥想空间、专题阅读空间和IC研讨空间。

沙河图书馆家具设计充分体现"以人为本"的理念,在样本选定阶段即引入读者参与,包括阅览桌照明和灯架、书架红外感应照明和顶板设计、馆标设计等,也有效融入了北邮元素。

沙河图书馆在功能分区上,实现了大学科资源集中的方式,并且规划了个人阅览座位、团体研讨间、休闲座位等不同功能区,满足读者的不同需求。

图 A-13 二层服务台前

图 A-14 二楼北区

图 A-15 三层红色主题区

图 A-16 沙河图书馆外貌

四、技术创新

(一) 设备

图书馆无线网络实现了全覆盖;采用先进的跨平台HTML5技术架构,建立了高性能的数字图书馆硬件平台;现有服务器52台(含虚拟服务器)、计算机214台、光纤存储110TB、交换机13台。

(二) 技术

图书馆的信息化服务始终坚持"以用户为中心""以服务为中心",在整合门户网站、特色数字资源库、经典阅读网络平台(悦读书苑)、馆际互借平台、知识服务平台(机构知识库)以及移动图书馆系统等优质资源平台的基础上,积极拓展馆内资源与新兴技术的有效融合,不断创新服务形式,不断丰富服务内容。

图 A-17 门禁系统

图 A-18 自助借还书机

图 A-19 云屏阅读机

图 A-20 微型图书馆

图 A-21 朗读亭

图 A-22 自助打印复印

同时积极推动智慧图书馆的建设与发展,围绕资源、服务、用户等各个方面,运用数字化、网络化、智能化等多种技术手段,努力构建新型的知识生态系统。以此为切入点,不断提升信息服务的水平,依托先进的大数据、人工智能等技术,着眼于读者行为的分析与预测,为建成北京邮电大学学术生态系统的宏伟目标不断努力。目前全馆已经部署 RFID 标签 147 万个,层架标 3 万个。

图 A-23　智慧图书馆服务导航

图 A-24　座位预约系统

五、用户教育

(一)信息素养教育

围绕不同主题、抓住一切契机、针对不同读者需求,开展了形式多样、层次不同的各种培训、讲座、比赛等。

表 A-9　各种形式的信息素养教育

系列讲座名称	详细讲座名称
"资源·获取·利用"系列讲座 时间:4月24日—6月5日 参与人次:300	第1讲:外文期刊全文数据库概览
	第2讲:创业服务机构的功能与有效利用
	第3讲:用文献计量的方法探索学术传播行为
	第4讲:学术科研好帮手,EBSCO 数据库——如何下载及管理外文文献
	第5讲:中外文核心期刊介绍及投稿导引
	第6讲:"激励发现,推动创新"——利用 Web of Science 助力科学研究
	第7讲:通过订阅来高效获取信息、追踪前沿
	第8讲:个人文献管理好帮手
	第9讲:专利数据库的检索与分析
	第10讲:足不出户获文献——学术文献的多渠道获取
	第11讲:中外文学术信息资源检索与利用
	第12讲:科研小技能——论文收录、期刊分区、影响因子的那些事儿

续表

系列讲座名称	详细讲座名称
"学术技能大课堂"系列讲座 10月9日—12月27日 参与人次:625	第1讲:深度解密 IEEE 数据库;科研检索与学术投稿
	第2讲:图书馆资源与服务导览
	第3讲:CNKI 引文库的检索与利用
	第4讲:文摘索引数据库检索与利用
	第5讲:Internet 免费学术资源的检索与利用
	第6讲:足不出户获文献——学术文献的多渠道获取
	第7讲:SIAM(工业和应用数学学会)、EMS(欧洲数学学会)数据库介绍
	第8讲:研究流程的最佳辅助利器——Knovel
	第9讲:中文电子资源全文数据库检索与利用
	第10讲:中外文电子图书数据库检索与利用
	第11讲:外文电子期刊全文数据库检索与利用(理工类)
	第12讲:外文电子期刊全文数据库检索与利用(社科类)
	第13讲:中外文核心期刊介绍及投稿导引
	第14讲:基于 SCI/SSCI 和 ESI 的科学应用和提升专题讲座
	第15讲:学位论文的检索与利用
	第16讲:中外专利数据库的检索与利用
	第17讲:开题与立项前的文献调研
	第18讲:Elsevier Science Direct——助力高质量发文
	第19讲:PPT 的逆袭秘籍
	第20讲:个人文献管理软件 NoteExpress 的功能与使用
	第21讲:中国书法经典作品赏析
	第22讲:文献阅读与论文写作
	第23讲:科研小技能——论文收录、期刊分区、影响因子的那些事儿
"学术训练营"系列讲座 11月16日—12月6日 参与人次:240	第1讲:开题与立项前的文献调研
	第2讲:个人文献管理软件 NoteExpress 的功能与使用
	第3讲:学术论文的阅读方法与写作技巧
	第4讲:中外文核心期刊介绍及投稿导引
"创客之星"互动直播系列讲座 5月16日—11月19日 参与人次:150	第1讲:创业团队招募及股权激励机制
	第2讲:市场营销、开拓与竞争策略制定
	第3讲:无领导小组面试新题解析
	第4讲:无领导小组面试精讲
	第5讲:Apple HR 亲临"现场",首次公开苹果公司等顶级外企面试及职场秘籍

续表

系列讲座名称	详细讲座名称
	第6讲:阿里巴巴资深运营专家传授如何100%进入阿里等名企工作
	第7讲:2020考研全年复习规划及关键环节应对策略
	第8讲:燃情的留学冲锋季
资源在线课堂 3—12月	IEEE Xplore MOOC 2018春季课程
	2018年春季Springer Nature在线培训
	EBSCO春季免费网络课程
	爱思唯尔卓越科研在线讲座
	2018年秋季Springer Nature用户在线培训
	IEEE Xplore MOOC 2018秋季课程

图 A-25 周三文化讲堂

(二) 文化素养教育

1. 北邮读书节

2018年,图书馆会联合宣传部、校团委、各院系和学生社团举办"北邮第十三届读书节"活动。本届读书节围绕"悦读,与经典同行"这一主题,将传统与创新相结合,内容涵盖"经典传承""资源共享""悦读时光""文化传播"四个版块,共举办了十一项活动,一千多名同学热情参与其中,得到全校师生的广泛关注与积极响应,营造了良好的全民阅读文化氛围,有效地推动了校园文化建设。其中,"经典传承"版块中"我的经典情怀"征文比赛反响热烈,共收到征文百余篇,较往年有了大幅度增长。活动充分利用图书馆现有资源,发挥自身优势,引导并激发学生阅读经典,全面提升我校同学的人文素养。"悦读时光"版块中的"你选书　我买单"带走你的红色图书活动成为本届读书节的一大亮点。活动中,同学们通过专属的微信群积极分享,相互探讨,伴随着活动的深入开展,同学们还实现了红色图书的"漂流"。通过本次活动,在培养阅读习惯的同时,也激发了同学们的爱国情怀,增强了民族自信心,坚定了实现中华民族伟大复兴中国梦的理想信念。作为图书馆此类活动的首次尝试,不仅为图书馆阅读推广活动开辟了新的领域,而且也为今后品牌活动的塑造奠定了基础。本次读书节主题鲜明,将传承与创新相结合,同时与宣传部、教务处、校团委等二级部门形成联动,极大地提升了北邮读书节在全校范围的影响力。

表 A-10　悦读,与经典同行——2018 年第十三届读书节系列活动

活动名称	举办时间	活动地点	活动形式
读书节开幕式	4 月 23 日	沙河校区图书馆	活动启动
数字资源大晒单——图书馆电子资源推广	4 月 23—24 日	西土城校区图书馆一层大厅	现场交流
邮苑书香 悦读互荐——精品图书进高校	4 月 23—25 日	西土城校区图书馆一层大厅	室内展览
"资源·获取·利用"系列讲座	4 月 24 日—6 月 5 日	西土城校区图书馆一层报告厅/414 室	讲座培训/网上推广
图书馆学生管委会成立仪式	4 月 25 日	沙河校区图书馆	成立仪式
"悦读经典"2018 年优秀读书报告展示	4 月 26 日	沙河校区图书馆借阅室/西土城校区图书馆一层	馆内展示
"你选书,我买单"带走你的红色经典	5 月 5—25 日	沙河校区学活 206 室/西土城校区图书馆 414 室	网络活动/现场交流
"我的经典情怀"征文大赛	5 月 7—27 日	沙河校区/西土城校区	网络活动
"随拍:我的图书馆"摄影作品比赛	5 月 7—25 日	沙河校区/西土城校区	网络活动
"品读经典 感悟青春"读书沙龙	5 月 9 日	沙河校区学活 206 室/西土城校区图书馆 414 室	现场交流
"邮你搜"第五届学术搜索大赛	5 月 9—16 日	沙河校区/西土城校区	网络活动
"慕知网 乐共享"图书漂流	5 月 14—30 日	西土城校区图书馆一层大厅	现场交流
年度"阅读之星"评选及分享会	5 月 15 日	西土城校区图书馆 414 室	现场交流
"馆员服务,与法同行"知识竞赛	5 月 16 日	西土城校区图书馆	网络答题
唯有星空,不可或缺——90 后诗人北邮交流会	5 月 19 日	沙河校区学活报告厅	现场交流
"书海寻宝"大挑战	5 月 27 日	沙河校区图书馆	现场活动
读书节闭幕式	5 月 30 日	西土城校区图书馆	总结表彰

2. 悦读书院

自2012年9月,我馆开始通过"悦读书院"网站评阅"经典阅读"读书报告,截至2018年4月,共评阅读书报告12 336篇,2018年读报告评阅量创下历史最高纪录3 305份,充分显现出将经典阅读与创新实践相结合的模式,有效地提升了学生的关注度和参与度,有力地推动了北京邮电大学"经典阅读"的广泛传播。

表A-11　2015—2018年读书报告评阅量统计

年份	评阅数量/篇	增幅(%)
2015	1 160	21.2
2016	2 210	90.5
2017	1 662	−24.8
2018	3 305	97.2

3. 阅读推广"服务化转型"

图书馆积极寻求与宣传部、校团委、各学院、学生社团等的合作,大力推动阅读推广从"活动型"向"服务型"的提升,不断创新活动形式,有效激发读者兴趣、提升阅读品味,使得全民阅读推广工作逐步迈向全方位、立体化的深度融合阶段。

2018年4月,图书馆成立"北京邮电大学图书馆学生管理委员会"(简称"图管会"),由在校学生自愿参与图书馆服务管理、文化建设、与创新实践,协助图书馆精心筹划、广泛宣传,在全民阅读中发挥了重要作用。

2018年5月,图书馆成立阅读与文化创新实践基地,依托丰富的文献资源、专业的软硬件设备设施、庞大的数据储存以及经验丰富的专业人员和管理人员等,围绕包括全民阅读在内的课题,指导在校学生开展与阅读行为、阅读心理、馆藏分布优化等方面的改进性、创新性研究,将服务和育人紧密结合起来。

2018年10月,图书馆推出"周三文化讲堂",作为图书馆围绕阅读文化建设重点推出的一项新的系列活动,旨在丰富校园文化内涵,推动大学生阅读,提高大学生人文素养,为全校师生搭建一个文化交流的平台。截至2018年年底,已在两校区共举办十一场系列讲座,参与学生近900人。十一场讲座各具特色,既有传统形式的文学名著及诗歌赏析,又有真人图书馆模式融入的全新尝试;既有关注校园生活、挖掘社会热点的内容创新,又有发挥与学校二级部门及社团联动效应的模式创新,有效地扩大了活动的辐射领域。其中,第三期的"金陵渡口初相遇"金庸文化主题分享会,将经典解读、聚焦热点、社团组织三者巧妙地相结合,极大地激发了学生们的阅读兴趣和参与意识。正是有了前期活动成果的积淀,图书馆的校园文化建设工作引发了来自学校其他二级单位的关注,促成图书馆和学工部共同主办了第十一期"爱国心 奉献情 奋斗行"礼敬中华传统文化交流分享会,活动反响热烈,有效提升了图书馆品牌活动的知名度。

表 A-12 "周三文化讲堂"讲座一览

序号	时间	讲座题目	主讲人
1	10月17日	"托尔斯泰的创作观与艺术思想的嬗变"	王 茜
2	10月31日	"破解韦伯的迷阵"及中国文化自信建构的哲学思考	仝 涛
3	11月7日	"金陵渡口初相遇"金庸文化主题分享会	在校学生
4	11月14日	"《伟大的平凡》之三重维度导读"	李 钊
5	11月28日	"让诗歌带着你,走出自我的牢笼"	徐怀静
6	12月12日	"大自然,我的家"	陈建国
7	12月26日	"爱国心 奉献情 奋斗行"——礼敬中华传统文化交流分享会	李全喜
8	11月14日	在大学,读《大学》	杨广锋
9	11月21日	被误读的《论语》	杨广锋
10	12月12日	中国民法的中国精神	黄东海
11	11月28日	九十分钟书法审美课	刘 彭

图 A-26　经典悦读推广活动　　图 A-27　2018年北邮"借阅之星"交流会暨颁奖活动

图 A-28　选取图书示意图

图 A-29　创新实践基地授牌仪式　　图 A-30　2018年第十三届北邮读书节
　　　　　　　　　　　　　　　　——"悦读,与经典同行"活动

六、学术交流

（一）科研创新

表 A-13　2018 年图书馆科研项目情况统计

序号	科研项目名称	参与人员
1	北京邮电大学研究生教育教学改革重点项目 基于知识生态的 MOOC 扩展学习平台（二期） 2018Y003	吴旭　周赛
2	基于学位论文质量提升的研究生学术素养教育模式研究（2018 年北京邮电大学研究生教育教学改革与研究项目）	贾伟　贺轩　闫冬　刘新燕
3	光影世界里的图书馆（大创）	贺轩
4	"图管会"自媒体运营策略及功能实现（大创）	李雨澄
5	沙河图书馆形象设计及文创衍生品开发（大创）	
6	基于学生文化素养提升的图书馆文化体系研究（教改）	李鸣　李欢　李雨澄　张黎　杨广锋
7	红色主题阅读社群建设（大创）	李欢
8	数字时代大学生文学经典阅读行为和阅读文化建设的研究（大创）	
9	"双一流"背景下大学图书馆组织机构的创新研究（论文）	
10	仰视阅读椅（大创）	张肖
11	中文核心期刊要目总览（2017 年版）（编著）	荆林浩
12	图书馆的记忆旅行（大创项目）	张黎
13	沙邮图书馆周年纪实（大创项目）	
14	基于微信小程序的四六级高考英语作文练字训练（雏雁项目）	
15	面向电子信息类专业群的专业图书馆建设研究（学校教改）	张黎　杨广锋
16	基于学生文化素养提升的图书馆文化建设研究（学校教改）	
17	基于 SQL 的图书借阅信息自助打印系统设计与实现（大创）	付爽
18	基于数据挖掘的大学生借阅行为分析（大创）	
19	图书馆数据可视化及个性化书目推荐系统（大创）	
20	大数据背景下图书个性化推荐研究（雨雁）	彭菲菲
21	基于移动端的智慧图书馆信息服务系统（雏雁）	
22	互联网数据助力图书馆服务（大创）	

续表

序号	科研项目名称	参与人员
23	北京邮电大学声像图书馆的实证研究(大创)	张鉴
24	基于文献检索课的题库设计(雏雁)	
25	高校图书馆多层次立体化信息素养教育体系的研究与实践(北京邮电大学教育教学改革项目)	
26	基于移动端的馆际互借地图导航系统设计与实现(大创)	王茜
27	北京地区高校图书馆联盟共享机制研究(北京哲社基金项目)	
28	京港两地信息资源服务比较研究(北京图工委)	
29	北京邮电大学图书馆馆史研究(北京邮电大学建设世界一流学科和特色发展引导专项资金"文化传承创新"专项)	
30	互联网知识付费业态下图书馆知识服务优化机制及对策研究(国家社科基金项目)	
31	在线课程自动采集审核平台(大创)	周赛
32	图书馆书籍采购推荐系统(大创)	
33	智能化馆际互借管理系统:用户画像与微媒体技术应用(大创)	郭文丽
34	基于生态管理的资产管理系统(雏雁)	施怀鹍
35	图书馆电子资源访问数据的分析(雏雁)	韩为民
36	雨燕项目:基于专利数据的数据挖掘与分析	闫冬
37	新信息环境下电子资源建设与绩效评价系统ERMAS的研究(北京图工委)结题 BGT2016045	周婕 侯瑞芳 李玲 方瑜

表 A-14 2018 年图书馆学术成果统计

序号	题目	作者	成果形式	出版、发表、使用单位
1	基于物联网技术的高校图书馆馆际互借管理智能化研究	步宏婕 王茜	期刊论文	图书情报导刊
2	基于战略规划的国外高校图书馆聪明合作共享研究	张黎 郭敏 王茜	期刊论文	图书馆建设
3	基于NARX神经网络的热负荷预测中关键影响因素分析	谢吉洋 闫冬 谢垚 马占宇	期刊论文	计算机应用
4	互联网+思维对情报学的变革	张黎 郭敏 刘国健	期刊论文	现代情报 图书馆学情报学
5	国内在线学习研究文献的可视化计量分析	贾伟 柯灵儿	期刊论文	计算机时代

续表

序号	题目	作者	成果形式	出版、发表、使用单位
6	Blackboard平台满意度调查与平台建设研究——以北邮"爱课堂"为例	贾伟 王喜莲	期刊论文	电脑知识与技术
7	Lightweight Mutual Authentication Scheme for Protecting Identity in Insecure Environment	Wu Xu, Xu Jin; Fang Binxing	期刊论文	CHINA COMMUNICATIONS
8	高校图书馆文化含义及其提升的现实途径	仝涛	会议论文	
9	用户画像技术在馆际互借管理系统中的应用研究	郭文丽	会议论文	
10	"双一流"背景下大学图书馆组织机构的创新研究	李欢	会议论文	
11	Efficient identity-based offline / online encryption scheme for lightweight devices	Xu Jin; Wu Xu	会议论文	
12	文献信息检索与案例分析	贺轩	著作	科学出版社
13	中文核心期刊要目总览(2017年版)	朱红 周婕 荆林浩	著作	北京大学出版社
14	共建共知共享——BALIS建设十周年	王茜	著作	北京邮电大学出版社
15	科技文献检索使用教程	许兵	著作	科学出版社
16	科技文献检索实用教程(专业硕士社会科学类分册)	侯瑞芳	著作	科学出版社
17	信息资源检索与利用	侯瑞芳	著作	清华大学出版社
18	大学计算机基础(第3版)	吴旭	著作	北京邮电大学出版社

(二) 业务学习

为适应数字化时代图书馆服务与管理的新要求,图书馆积极创造条件加强馆员业务学习,提升馆员的业务素质和综合服务能力。除参加各类培训、研讨会、学术论坛等外,还认真组织馆员到各兄弟院校及科研院所进行调研,使馆员对图书馆界前沿动态有更深入的了解,拓宽视野,增长知识,为图书馆的持续发展积蓄了源动力。

表 A-15　2018 年参加各类会议、培训、论坛情况

序号	会议、培训、论坛名称
1	新时代高校图书馆可持续性智慧发展与创新研讨会
2	2018 年北京高校数字图书馆年会
3	北京地区高校图书馆图情专业基础知识培训班
4	北京科学技术情报学会 2018 年学术年会
5	BALIS 原文传递新系统平台培训会议和 2018 年"双一流"建设背景下高校图书馆建设与服务创新论坛
6	"NSTL 走入北京高校"暨"BALIS 原文传递新系统平台培训"
7	2018 年"双一流"建设背景下高校图书馆建设与服务创新论坛会议
8	2018 年北京地区高校图书馆信息素养教育与用户服务研讨会
9	"双一流"背景下数字资源发展研讨会暨 CALIS 第十六届引进数据库培训周
10	高科联盟 Elsevier 产品培训会
11	第八届全国高校科技查新研讨会
12	Elsevier 电子书交流会议
13	用户导向的信息服务国际学术研讨会
14	全国通信电子类高校图书情报工作委员会 2018 年学术年会
15	北京地区高校图书馆图情专业基础知识培训班
16	用户导向的信息服务国际学术研讨会
17	中国(北京)未来智慧图书馆发展论坛
18	BALIS 原文传递会议
19	2018 北京地区高校图书馆首届科研评价服务业务研讨会
20	2018 数字图书馆前沿问题高级研讨班
21	学术图书馆科研与决策支持专题研习班
22	北京地区机构知识库观摩会
23	新时代高校图书馆可持续性智慧发展与管理创新研讨会
24	双一流背景下高校图书馆建设与服务高层论坛
25	爱思唯尔系统培训会
26	BALIS 非书资料工作小组会议
27	大数据时代高校图书馆建设与发展
28	drupal 微信小程序培训

(三) 业界认可

我馆是中国图书馆学会常务理事单位,同时是中国高校机构知识库联盟第一届理事单位、北京高校图工委副主任馆、BALIS馆际互借管理中心主任馆、全国通信电子类高校图工委主任馆科技出版与知识服务应用联盟理事单位。

图书馆大胆改革,提出了"立体三角"管理模式,提高了工作效率和业务水平。我馆是教育部CALIS编目中心首批命名的中文联合编目B+级成员馆;书目规范控制工作也走在全国高校图书馆的前列,其经验被教育部CALIS编目中心借鉴,并向全国推广。学校图书馆的管理模式和办馆经验受到图书馆界和有关媒体的好评。

2014—2018年,我馆连续五年荣获"BALIS原文传递最佳服务"奖。作为BALIS原文传递学科服务馆,我馆也获得了"BALIS原文传递学科服务"奖。2014—2018年,李玲连续获得"BALIS原文传递服务"先进个人奖;王茜、刘新燕、张丽荣获"北京市高校图工委-BALIS馆际互借服务先进个人"一等奖;周赛荣获"'双一流'背景下的智慧图书馆服务创新会议案例"三等奖。

七、党建及工会工作

(一) 党支部建设

2018年,图书馆党支部按照上级党委的工作部署和各项要求,深入学习宣传贯彻习近平总书记系列重要讲话精神,积极开展并深化推进"两学一做"学习教育活动和十九大精神学习。在支部组织和建设、党员党性修养和文化提高上不断强化和突破,发挥党员先锋带头和勇于奉献精神,挖掘形式多样、成效显著的党支部活动,为图书馆和学校和谐稳定发展添砖加瓦、保驾护航。

1. 思想建设

寒暑假开学,图书馆都会积极开展党员思想动态收集汇总工作,针对热点问题进行交流引导,深化对社会主义核心价值观的认识。同时,根据时政热点,推动政治学习平常化。

表 A-16　图书馆支部 2018 年主题活动统计

序号	主题活动
1	图书馆党支部召开预备党员转正暨十九大精神学习会
2	图书馆党支部组织观影《红海行动》
3	为祖国点赞！——图书馆党支组织观看大型纪录片《厉害了,我的国》
4	教务党委图书馆党支部组织学习习近平总书记在北京大学师生座谈会上的重要讲话精神
5	图书馆党支部组织观影《邪不压正》
6	图书馆党支部召开党支部换届选举大会
7	重温历史 坚定信念——图书馆党支部组织圆明园主题党日活动
8	图书馆党支部组织参观"伟大的变革——庆祝改革开放40周年大型展览"

2. 组织建设

（1）推动支委会工作机制化,支委定期召开例会商讨支部工作,同时定期组织党小组长召开会议讨论部署工作。

（2）发挥党小组工作主动性,三个党小组根据自身工作实际,积极利用国家博物馆等资源,组织各类参观活动。

（3）按照《北京邮电大学发展党员及党组织关系转接指导手册》做好党员组织发展工作。通过联系人积极加强发展对象和积极分子的培养工作。2018年发展预备党员2名。

（4）按规定做好党费收缴、党员献爱心、支部开支公示等工作。根据上级党委要求向每位党员传达《组织部关于中央组织部代中央管理党费收支情况》,同时本支部经费管理严格执行财务准则,严格把关,账目清晰。

（二）工会工作

2018年,图书馆工会延续了上一年的工作模式,工会委员和小组长分工合作,认真向其他工会学习,注重加强横向的沟通与交流,圆满完成了上级部门交代的任务。积极组织开展"金秋奥森健步走活动""应知应会知识问答""北京工会12351"以及教职工体育项目等各种丰富多彩的工会活动。

附录二 馆员名单

1988 年

何立德	张玉芬	戴国华	张美春	刘宗丽	王祖余
王乃英	宗国荣	王卫平	冯 春	徐新华	袁曼伶
周 景	林 涛	李筱玲	葛海纶	孙惠华	赵玉红
陈文典	王 昆	朱榕年	张春玲	冯祖常	李 微
吴建平	徐达平	张惠敏	岳逢润	马 利	王 磊
郭燕奎	孙秀儒	焦 情	曾祥铭	马自卫	郭燕萍
唐胜瑗	富延仁	任静远	张淑玲	许平丽	傅 杰
王谊平	王卫宁	蒋 礼	韩飘扬	颜承强	郑 洁
郑智学	杨庆来	蔡 祯	朱 红	宋全红	何东辉
张 莉	胡春明	陈 黎	宋 跃	王亚丽	杨立军
黎艺军	郭翠英	王志威	张跃岚	李 平	卢 锋
张振飞	黄莹宣	朱春霞	温晓囡	李学平	王福荣
丁宝林	王 欣	郭立燕			

1990 年

王乃英	颜承强	郭燕萍	丁宝林	马自卫	朱春霞
张惠敏	岳逢润	曾祥铭	冯祖常	富延仁	朱榕年
孙秀儒	宗国荣	陈文典	唐胜媛	马丽华	孙惠华
张玉芬	郑智学	陈 黎	刘宗丽	许平丽	王卫平
王亚莉	王福荣	何立德	郭立燕	蔡 祯	郭翠英
李学平	李筱玲	张淑玲	周 景	杨庆来	张跃岚

王卫宁	胡春明	杨立军	黎艺军	宋 跃	卢 锋
王志威	李 平	韩飘扬	温晓囡	焦 倩	郭燕奎
吴建平	王祖余	马 利	李 微	张春玲	王 昆
赵玉红	冯 春	葛海伦	林 涛	袁曼伶	郑 洁
朱 红	张 莉	何东辉	宋全红	张振飞	黄莹宣
贾玉萍	李海东	李维华	柳晓荀	王朝辉	温晓颖
庄宁东					

1991 年

王乃英	顾承强	郭燕萍	张秀英	丁宝林	马自卫
朱春霞	张惠敏	岳逢润	曾祥铭	冯祖常	富延仁
朱榕年	孙秀儒	宗国荣	唐胜媛	马丽华	孙惠华
张玉芬	郑智学	陈 黎	刘宗丽	许平丽	王卫平
王亚丽	王福荣	何立德	郭丽燕	蔡 祯	郭翠英
李学平	李筱玲	张淑玲	周 景	杨庆来	张跃岚
王卫宁	胡春明	杨立军	黎艺军	宋 跃	卢 锋
王志威	李 萍	韩飘扬	温晓囡	焦 倩	吴建平
王祖余	马 利	张春玲	王 昆	赵育红	冯 春
葛海伦	林 涛	袁曼伶	郑 洁	王正忠	朱 红
张 莉	何东辉	宋全红	张振飞	黄莹宣	贾玉萍
苟中英	李维华	柳小荀	王朝辉	温晓颖	庄宁东
徐凤琨					

1992 年

何立德	张玉芬	刘宗丽	王祖余	王乃英	宗国荣
王卫平	冯 春	袁曼伶	周 景	林 涛	葛海伦
孙惠华	赵育红	王 昆	朱榕年	张春玲	吴建平
张惠敏	岳逢润	马 利	孙秀儒	焦 倩	曾祥铭
马自卫	郭燕萍	唐胜媛	富延仁	张淑玲	许平丽
王卫宁	韩飘扬	颜承强	郑 洁	郑智学	杨庆来
蔡 祯	朱 红	宋全红	何东辉	张 莉	胡春明

陈　黎	王亚丽	杨立军	黎艺军	郭翠英	王志威
李　萍	卢　锋	张振飞	黄莹宣	贾玉萍	朱春霞
苟中英	李维华	王朝辉	温晓颖	柳小荀	庄宁东
张秀英	王正忠	马丽华	温晓囡	李学平	王福荣
丁宝林	郭丽燕	徐凤琨	刘　婷	王锁琴	余振江
崔桂红					

1994 年

蔡　祯	陈　黎	陈　昕	崔桂红	冯　春	富延仁
高　民	葛海伦	苟中英	郭翠英	郭丽燕	郭燕萍
何东辉	何立德	胡春明	黄莹宣	贾玉萍	焦　倩
荆林浩	黎艺军	李　萍	李沙娜	李维华	李小燕
李学平	林　涛	刘　婷	柳小荀	卢　锋	马丽华
马　利	马自卫	沈　怡	宋全红	唐胜媛	王春兰
王福荣	王　昆	王乃英	王锁琴	王卫宁	王卫平
王晓玲	王亚丽	王正忠	王知非	王志威	温晓颖
温晓囡	辛田夫	徐凤琨	许平丽	颜承强	杨立军
杨庆来	余振江	袁曼伶	曾祥铭	张春玲	张　丽
张为杰	张秀英	张玉芬	张振飞	赵　红	郑　洁
郑智学	周　景	朱春霞	朱　红	朱榕年	宗国荣

1995 年

蔡　祯	陈　黎	陈　昕	崔桂红	冯　春	富延仁
高锦春	高　民	葛海伦	苟中英	郭翠英	郭丽燕
郭利森	胡春明	黄莹宣	季玉萍	贾玉萍	姜海菱
焦　倩	荆林浩	黎艺军	李　萍	李沙娜	李维华
李小燕	李学平	林　涛	刘　婷	卢　锋	马丽华
马　利	马自卫	任春霞	沈　怡	宋全红	王春兰
王福荣	王　昆	王乃英	王锁琴	王卫平	王晓玲
王亚丽	王正忠	王知非	王志威	温晓颖	温晓囡
吴东娥	武国君	辛田夫	徐凤琨	杨立军	杨庆来

余振江	袁曼伶	张春玲	张 莉	张为杰	张秀英
张玉芬	张振飞	赵 红	郑 洁	郑智学	周 景
朱春霞	朱 红	朱榕年	宗国荣		

1996 年

马自卫	王正忠	朱榕年	葛海伦	马丽华	郑 洁
高 民	徐凤琨	杨庆来	辛田夫	余振江	王卫平
王锁琴	张玉芬	李维华	陈 黎	苟中英	王福荣
张秀英	朱春霞	王春兰	武国君	郭丽燕	贾玉萍
蔡 祯	黎艺军	胡春明	郭翠英	王亚丽	郑智学
李学平	焦 倩	杨立军	李 萍	季玉萍	温晓囡
任春霞	李沙娜	高锦春	王晓玲	张为杰	沈 怡
赵 红	马 利	郭利森	王 昆	刘 婷	冯 春
黄莹宣	吴东娥	王知非	张振飞	袁曼伶	林 涛
崔桂红	张春玲	李小燕	宋全红	朱 红	张 丽
姜海菱	荆林浩	温晓颖	陈 昕	刘长荣	陈 辉
吕晓京	阙新莉	许克敏	孙 玲	郑新寰	

1997 年

蔡 祯	陈 辉	陈 黎	陈 昕	崔桂红	冯 春
高锦春	葛海伦	苟中英	郭翠英	郭丽燕	郭丽燕
郭利森	胡春明	黄莹宣	季玉萍	贾玉萍	姜海菱
焦 倩	荆林浩	黎艺军	李 萍	李沙娜	李维华
李小燕	李学平	林 涛	刘长荣	刘迎华	吕晓京
马丽华	马 利	马自卫	任春霞	沈 怡	宋全红
孙 玲	王春兰	王福荣	王 昆	王锁琴	王卫平
王晓玲	王亚丽	王正忠	王知非	温晓颖	温晓囡
吴东娥	武国君	辛田夫	杨立军	杨庆来	余振江
袁曼伶	张春玲	张 丽	张为杰	张秀英	张振飞
赵 红	郑 洁	郑新寰	郑智学	朱春霞	朱 红
朱榕年	阙新莉				

1998 年

蔡 祯	陈 辉	陈 黎	陈 昕	崔桂红	崔海媛
董晓霞	冯 春	高锦春	葛海伦	苟中英	郭翠英
郭丽燕	郭利森	韩为民	胡春明	黄莹宣	季玉萍
贾玉萍	焦 倩	荆林浩	黎艺军	李高虎	李 萍
李沙娜	李少文	李维华	李学平	林 涛	刘长荣
刘迎华	吕晓京	马丽华	马 利	马自卫	沈 怡
宋全红	孙 玲	王春兰	王福荣	王 昆	王锁琴
王卫平	王晓波	王晓玲	王亚丽	王正忠	王知非
温晓颖	温晓囡	吴东娥	武国君	辛田夫	杨立军
杨庆来	余振江	袁曼伶	张春玲	张 丽	张为杰
张秀英	张振飞	赵 红	赵 荔	郑 洁	周 婕
朱春霞	朱 红	朱榕年	阙新莉		

1999 年

蔡 祯	陈 辉	陈 黎	陈 昕	崔桂红	崔海媛
董晓霞	冯 春	高锦春	高 嵩	葛海伦	苟中英
郭翠英	郭丽燕	郭利森	韩为民	胡春明	黄莹宣
季玉萍	贾玉萍	焦 倩	荆林浩	黎艺军	李高虎
李 萍	李沙娜	李少文	李维华	李晓山	李学平
林 涛	刘长荣	吕晓京	马丽华	马 利	马自卫
阙新莉	沈 怡	宋全红	孙 玲	王春兰	王福荣
王 昆	王锁琴	王卫平	王晓波	王晓玲	王亚丽
王振华	王正忠	温晓囡	温晓颖	吴东娥	武国君
辛田夫	杨立军	杨庆来	余振江	袁曼伶	张春玲
张 丽	张为杰	张秀英	张振飞	赵 红	赵 荔
郑 洁	郑智学	周 婕	朱春霞	朱 红	朱在兴

2000 年

马自卫	李晓山	王晓玲	代根兴	李维华	王振华

吴　旭	贾玉萍	袁曼玲	林　涛	王福荣	于振江
朱　红	张为杰	王春兰	陶淑琴	温晓囡	郭翠英
张　丽	郭丽燕	王亚丽	宋全红	张振飞	辛田夫
黎艺军	张秀英	王　堃	赵　荔	李学平	李　萍
沈　怡	周　洁	吴东娥	张春玲	李少文	刘国健
冯　春	郭利森	韩为民	荆树浩	刘长荣	胡春明
杨庆来	杨立军	蔡　祯	阙新莉	吴晓京	马丽华
苟中英	黄莹宣	郑　洁	王锁琴	焦　倩	陈　黎
赵　红	马　丽	朱春霞	陈　辉	孙　玲	葛海伦
李沙娜	季玉萍	高锦春	王卫平	温晓颖	王晓波

2001年

王　堃	冯　春	黄莹瑄	张振飞	张春玲	宋全红
朱　红	张　丽	荆林浩	王振华	陶涉琴	刘长荣
韩为民	陈　辉	孙　玲	周　婕	吴　旭	刘莉莉
李维华	李沙娜	郭利森	林　涛	吕晓京	武国珺
李少文	杨立军	阙新莉	马丽华	郑　洁	杨庆来
辛田夫	余振江	王锁琴	陈　黎	苟中英	王福荣
张秀英	郭丽燕	王春兰	贾玉萍	蔡　祯	李艺军
黄新峰	郭翠英	李学萍	焦　倩	张先惠	季玉萍
温晓囡	张为杰	沈　怡	赵　红	刘国健	胡春明
马　丽	王卫平	温晓颖			

2002年

马丽华	王卫平	王　昆	王春兰	王　茜	王重阳
王振华	王锁琴	王福荣	代根兴	冯　春	刘长荣
刘迎新	刘国健	刘莉莉	吕晓京	孙　玲	朱　红
阴元芝	余振江	吴　旭	张为杰	张先惠	张　丽
张秀英	张春玲	张振飞	李少文	李沙娜	李秀敏
李学平	李维华	李　瑛	杨立军	杨庆来	杨　麾
沈　怡	辛田夫	陈　黎	周　婕	林　涛	武国君

苟中英	郑　洁	侯琳琦	胡春明	荆林浩	赵　红
徐　远	耿淑静	贾玉萍	郭丽燕	郭利森	郭翠英
陶淑琴	黄莹宣	黄新峰	温晓囡	温晓颖	焦　倩
韩为民	阚新莉	蔡　祯	黎艺军		

2003 年

王卫平	王　昆	王春兰	王　茜	王重阳	王振华
王锁琴	王福荣	代根兴	冯　春	刘长荣	刘迎新
刘国健	刘莉莉	吕晓京	孙　玲	朱　红	阴元芝
余振江	吴　旭	张为杰	张先惠	张　丽	张秀英
张春玲	张振飞	李少文	李沙娜	李秀敏	李学平
李　玲	李维华	李　瑛	杨立军	杨　麾	沈　怡
辛田夫	陈　黎	周　婕	林　涛	武国君	苟中英
侯琳琦	施怀鹃	胡春明	荆林浩	赵　红	徐　远
耿淑静	贾玉萍	郭丽燕	郭利森	郭翠英	陶淑琴
黄莹宣	黄新峰	温晓囡	温晓颖	焦　倩	韩为民
阚新莉	蔡　祯	黎艺军			

2004 年

王卫平	王　昆	王春兰	王　茜	王重阳	王振华
王锁琴	王福荣	代根兴	冯　春	刘长荣	刘迎新
刘国健	刘莉莉	吕晓京	孙　玲	朱　红	阴元芝
余振江	吴　旭	张为杰	张先惠	张　丽	张秀英
张春玲	张振飞	李少文	李沙娜	李秀敏	李学平
李　玲	李维华	李　瑛	杨立军	杨　麾	沈　怡
辛田夫	陈　黎	周　婕	林　涛	武国君	苟中英
侯琳琦	侯瑞芳	施怀鹃	胡春明	荆林浩	赵　红
徐　远	耿淑静	贾玉萍	郭丽燕	郭利森	郭翠英
陶淑琴	黄莹宣	黄新峰	温晓囡	温晓颖	焦　倩
韩为民	阚新莉	蔡　祯	黎艺军		

2005 年

王卫平	王春兰	王　茜	王重阳	王振华	王　堃
王锁琴	王福荣	代根兴	冯　春	刘长荣	刘迎新
刘国健	刘莉莉	吕晓京	孙　玲	朱　红	阴元芝
余振江	吴　旭	张为杰	张先惠	张　丽	张秀英
张　肖	张春玲	张振飞	李少文	李沙娜	李秀敏
李学平	李　玲	李维华	李　瑛	杨立军	杨　麾
沈　怡	辛田夫	陆剑鹏	陈　黎	周　婕	林　涛
武国君	苟中英	侯琳琦	侯瑞芳	施怀鹍	胡春明
荆林浩	贺　轩	赵　红	徐　远	耿淑静	贾玉萍
郭丽燕	郭利森	郭翠英	陶淑琴	黄莹宣	黄新峰
温晓囡	温晓颖	焦　倩	韩为民	蓝　方	阙新莉
蔡　祯	黎艺军				

2006 年

王卫平	王春兰	王　茜	王重阳	王振华	王　堃
王福荣	代根兴	冯　春	刘长荣	刘迎新	刘国健
刘莉莉	吕晓京	孙　玲	朱　红	阴元芝	余振江
张为杰	张先惠	张　丽	张秀英	张　肖	张春玲
张振飞	李少文	李秀敏	李学平	李　玲	李　瑛
杨立军	杨　麾	沈　怡	辛田夫	陆剑鹏	陈　黎
周　婕	林　涛	武国君	苟中英	侯瑞芳	施怀鹍
胡春明	荆林浩	贺　轩	赵　红	赵晓晔	徐　远
耿淑静	贾玉萍	郭丽燕	郭利森	郭翠英	陶淑琴
黄莹宣	黄新峰	温晓囡	温晓颖	焦　倩	韩为民
蓝　方	阙新莉	蔡　祯	黎艺军		

2007 年

王卫平	王春兰	王　茜	王重阳	王振华	王　堃

王福荣	代根兴	冯 春	刘长荣	刘迎新	刘国健
刘莉莉	吕晓京	孙 玲	朱 红	阴元芝	余振江
张为杰	张先惠	张 丽	张秀英	张 肖	张春玲
张振飞	李少文	李秀敏	李学平	李 玲	李 瑛
杨立军	杨 麾	沈 怡	辛田夫	陆剑鹏	周 婕
林 涛	武国君	苟中英	侯瑞芳	施怀鹃	胡春明
荆林浩	贺 轩	赵 红	赵晓晔	徐 远	耿淑静
贾玉萍	郭丽燕	郭利森	郭翠英	陶淑琴	黄莹宣
黄新峰	温晓囡	温晓颖	焦 倩	董晓霞	韩为民
蓝 方	阙新莉	蔡 祯	黎艺军		

2008 年

王卫平	王春兰	王 茜	王重阳	王振华	王 堃
冯 春	刘长荣	刘迎新	刘国健	刘新燕	吕小京
孙 玲	朱 红	阴元芝	严潮斌	余振江	张为杰
张先惠	张 丽	张秀英	张 肖	张春玲	张振飞
李学平	李 玲	李 瑛	杨广锋	杨立军	杨 麾
沈 怡	陆剑鹏	周 婕	林 涛	武国君	侯瑞芳
施怀鹃	胡春明	荆林浩	贺 轩	赵 红	赵晓晔
徐 远	耿淑静	贾玉萍	郭丽燕	郭利森	郭翠英
陶淑琴	黄建清	黄莹宣	黄新峰	温晓囡	温晓颖
焦 倩	董晓霞	韩为民	蓝 方	阙新莉	蔡 祯
黎艺军					

2009 年

王卫平	王春兰	王 茜	王重阳	王振华	王 堃
冯 春	刘长荣	刘迎新	刘国健	刘新燕	吕小京
朱 红	许 兵	阴元芝	严潮斌	张为杰	张先惠
张 丽	张 肖	张春玲	张振飞	张海霞	李艺军
李学平	李 玲	李 瑛	杨广锋	杨立军	杨 麾
沈 怡	陆剑鹏	周 婕	林 涛	武占元	武国君

侯瑞芳	施怀鹃	胡春明	荆林浩	贺　轩	赵　红
赵晓晔	徐　远	贾玉萍	郭文丽	郭丽燕	郭莉森
郭翠英	陶淑琴	黄建清	黄莹瑄	黄新峰	温晓囡
温晓颖	焦　倩	董晓霞	韩为民	蓝　方	阙新莉
熊　晖	蔡　祯				

2010 年

王　茜	王重阳	王振华	王　堃	冯　春	刘迎新
刘国健	刘新燕	吕小京	朱　红	许　兵	严潮斌
吴　旭	张为杰	张　丽	张　肖	张春玲	张振飞
张海霞	李艺军	李学平	李　玲	杨广锋	杨立军
杨景岭	杨　麾	沈　怡	陆剑鹏	周　婕	林　涛
武占元	侯瑞芳	施怀鹃	胡春明	荆林浩	贺　轩
赵　红	赵艳梅	徐　远	贾玉萍	郭文丽	郭丽燕
郭莉森	郭翠英	黄建清	黄莹瑄	黄新峰	温晓囡
温晓颖	焦　倩	程显英	董晓霞	韩为民	蓝　方
阙新莉	熊　晖	蔡　祯			

2011 年

王　茜	王重阳	王　堃	仝　涛	冯　春	乔　芳
刘迎新	刘国健	刘新燕	吕小京	朱　红	许　兵
严潮斌	吴　旭	张为杰	张　丽	张　肖	张春玲
张振飞	张海霞	张　鉴	李艺军	李学萍	李　玲
杨广锋	杨立军	杨景岭	杨　麾	沈　怡	陆剑鹏
陈嘉勇	周　婕	林　涛	武占元	侯瑞芳	南国顺
施怀鹃	胡青蓉	胡春明	荆林浩	贺　轩	赵　红
赵艳梅	徐　远	郭文丽	郭莉森	郭翠英	黄建清
黄莹瑄	黄新峰	温晓颖	焦　倩	程显英	董晓霞
韩为民	韩　钰	蓝　方	阙新莉	熊　晖	

2012 年

于国辉	方　瑜	王　茜	王重阳	王　堃	仝　涛
冯　春	乔　芳	刘迎新	刘国健	刘新燕	吕小京
朱　红	许　兵	严潮斌	吴　旭	张为杰	张　丽
张　肖	张春玲	张振飞	张海霞	张　鉴	张　黎
李学萍	李　玲	杨广锋	杨立军	杨景岭	杨　麾
沈　怡	陆剑鹏	陈嘉勇	周　婕	林　涛	武占元
侯瑞芳	南国顺	施怀鹍	胡青蓉	胡春明	荆林浩
贺　轩	赵　红	赵艳梅	徐　远	郭文丽	郭莉森
黄建清	黄莹瑄	黄新峰	彭菲菲	温晓颖	焦　倩
程显英	董晓霞	韩为民	韩　钰	蓝　方	阙新莉
熊　晖	魏　艾				

2013 年

于国辉	方　瑜	王　茜	王重阳	王　堃	仝　涛
冯　春	乔　芳	刘迎新	刘国健	刘新燕	吕小京
朱　红	许　兵	闫　冬	严潮斌	吴　旭	张为杰
张　丽	张　肖	张春玲	张振飞	张海霞	张　鉴
张　黎	李　欢	李　玲	杨广锋	杨立军	杨景岭
杨　麾	沈　怡	陆剑鹏	陈嘉勇	周　婕	林　涛
武占元	侯瑞芳	南国顺	施怀鹍	胡青蓉	胡春明
荆林浩	贺　轩	赵　红	赵艳梅	徐　远	郭文丽
郭莉森	黄建清	黄莹瑄	黄新峰	彭菲菲	温晓颖
焦　倩	程显英	韩为民	韩　钰	颉夏青	蓝　方
阙新莉	熊　晖	魏　艾			

2014 年

| 于国辉 | 方　瑜 | 王　丽 | 王　茜 | 王重阳 | 王　堃 |
| 付　爽 | 仝　涛 | 冯　迟 | 冯　春 | 卢昌军 | 乔　芳 |

刘迎新	刘国健	刘新燕	吕小京	朱　红	许　兵
闫　冬	严潮斌	吴　旭	张为杰	张　丽	张　肖
张春玲	张振飞	张海霞	张　鉴	张　黎	李　欢
李　玲	杨广锋	杨立军	杨景岭	杨　麾	沈　怡
陆剑鹏	陈嘉勇	周　婕	林　涛	武占元	侯瑞芳
南国顺	施怀鹃	胡青蓉	胡春明	荆林浩	贺　轩
赵　红	赵艳梅	徐　远	郭文丽	郭莉森	黄建清
黄莹瑄	黄新峰	彭菲菲	温晓颖	程显英	韩为民
韩　钰	颉夏青	蓝　方	阙新莉	熊　晖	魏　艾

2015 年

于国辉	方　瑜	王　丽	王　茜	王重阳	王　堃
付　爽	仝　涛	冯　迟	冯　春	卢昌军	乔　芳
刘迎新	刘国健	刘新燕	吕小京	朱　红	许　兵
闫　冬	严潮斌	吴　旭	张为杰	张　丽	张　肖
张春玲	张振飞	张海霞	张　鉴	张　黎	李　欢
李　玲	杨广锋	杨立军	杨景岭	杨　麾	沈　怡
陆剑鹏	陈嘉勇	周　婕	林　涛	武占元	侯瑞芳
南国顺	施怀鹃	胡青蓉	胡春明	荆林浩	贺　轩
赵　红	赵艳梅	徐　远	郭文丽	郭莉森	黄建清
黄莹瑄	黄新峰	彭菲菲	程显英	韩为民	韩　钰
颉夏青	蓝　方	阙新莉	熊　晖	魏　艾	

2016 年

于国辉	方　瑜	王　丽	王　茜	王重阳	王　堃
付　爽	仝　涛	冯　迟	冯　春	卢昌军	乔　芳
刘迎新	刘国健	刘新燕	吕小京	朱　红	朱满阳
许　兵	闫　冬	严潮斌	张为杰	张　丽	张　肖
张春玲	张振飞	张海霞	张　鉴	张　黎	李　欢
李　玲	杨广锋	杨立军	杨景岭	杨　麾	沈　怡
陆剑鹏	陈嘉勇	周　婕	林　涛	武占元	侯瑞芳

南国顺	施怀鹃	胡青蓉	胡春明	荆林浩	贺 轩
赵 红	赵艳梅	徐 远	郭文丽	郭莉森	高雪莲
黄建清	黄莹瑄	黄新峰	彭菲菲	程显英	韩为民
韩 钰	颉夏青	蓝 方	阙新莉	熊 晖	

2017 年

于国辉	方 瑜	王 丽	王 茜	王重阳	王 堃
付 爽	仝 涛	冯 迟	冯 春	卢昌军	乔 芳
刘迎新	刘国健	刘新燕	吕小京	朱 红	朱满阳
许 兵	闫 冬	吴 旭	张为杰	张 丽	张 肖
张春玲	张振飞	张海霞	张 鉴	张 黎	李 欢
李雨澄	李 玲	杨广锋	杨立军	杨景岭	杨 麾
沈 怡	陆剑鹏	陈嘉勇	周 婕	周 赛	林 涛
武占元	侯瑞芳	南国顺	施怀鹃	胡青蓉	荆林浩
贺 轩	赵 红	赵艳梅	徐 远	贾 伟	郭文丽
郭莉森	高雪莲	黄建清	黄莹瑄	黄新峰	彭菲菲
程显英	韩为民	蓝 方	阙新莉	熊 晖	

2018 年

方 瑜	王 丽	王 茜	王重阳	王 堃	付 爽
仝 涛	冯 迟	冯 春	卢昌军	史光耀	刘迎新
刘国健	刘新燕	吕小京	朱 红	朱满阳	许 兵
闫 冬	吴 旭	张 丽	张 肖	张春玲	张振飞
张海霞	张 鉴	张 黎	李 欢	李雨澄	李 鸣
李 玲	杨广锋	杨立军	杨景岭	杨 麾	陆剑鹏
周 婕	周 赛	林 涛	武占元	侯瑞芳	施怀鹃
胡青蓉	荆林浩	贺 轩	赵艳梅	徐 远	贾 伟
郭文丽	郭莉森	高雪莲	黄建清	黄莹瑄	彭菲菲
程显英	韩为民	蓝 方	阙新莉	熊 晖	

馆藏章照片

北京电信学院图书馆藏章

北京邮电学校图书室藏章

北京邮电学院图书馆藏书之章

邮电部北京电信学校图书馆藏章

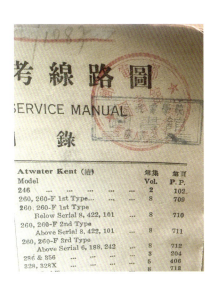

邮电部图书馆藏章

图书馆照片

1986 年北京邮电学院图书馆

20 世纪 80 年代北京邮电学院图书馆

20世纪80年代末北京邮电学院图书馆东面

2004年图书馆大门

图书馆一层大厅

图书馆接待外宾电子屏展示

20 世纪 80 年代初图书馆采访编目室

20 世纪 80 年代图书馆外文编目室

20 世纪 80 年代北京邮电学院图书馆中刊阅览室

20 世纪 80 年代北京邮电学院外文阅览室

20 世纪 80 年代图书馆中文小说借阅室

20 世纪 80 年代末图书馆二层科技图书馆借阅室

20 世纪 80 年代图书馆电子阅览室

图书馆电子阅览室

图书馆检索机 1

图书馆检索机 2

活动照片

20 世纪 90 年代情报部庆祝元旦表演节目

20 世纪 90 年代流通部庆祝元旦表演节目

20世纪90年代庆祝元旦——曾祥铭、李范表演节目

20世纪90年代庆祝元旦——袁曼玲、葛海伦、蔡祯表演节目

20世纪90年代图书馆办公室老师做广播体操

20世纪90年代图书馆阅览部老师做广播体操

20世纪90年代末益友读书协会第九届诗歌朗诵大赛决赛

20世纪90年代北邮图书馆参加高校图书馆运动会领奖

1994年全国邮电高校图书馆馆长及相关人员研讨会合影

1998年北京邮电大学图书馆自动化网络化评估大会

1986年搬入新馆流通部合影

1986年新馆门口合影

迎接新千年　迈向新世纪
北京邮电大学图书馆全体职工合影　1999.12.29

1999年12月29日全体职工合影

1982年图书馆年轻职工合影

参观图书馆合影

1999年京东第一山合影

2000年第5届高校图书馆田径运动会合影

2000年学术年会合影

2000年雾灵山合影

2001年妙峰山合影

2002 年元旦联欢合影

2003 年 5 月党支部会议合影

2004年5月高校图书馆运动会合影

2004年6月二七纪念馆合影

2005年教务党委新党员在樱桃沟宣誓合影

2006年11月参观军事博物馆合影

2007年图书馆运动会合影

2008年白草畔合影